L'ALCHIMIE DES RÊVEURS

La Vérité des Hommes - Le mirage

Nous sommes notre foi, celle qui caractérise notre ancrage ; la force de nos croyances et celle de nos convictions ; l'environnement qui nous modèle avec tout ce que cela comporte ou pas (singularité, simplicité, ouverture d'esprit, grandeur, mégalomanie, dictature, idolâtrie, croyances mythiques et mystiques, religions, spiritualité, recherches divines, assemblage, suivisme, dogme, liberté, athéisme, libertinage, folies des grandeurs, démocratie, faux semblants, ... on n'en finirait pas), notre forte conviction, la croyance qui nous anime et la somme de nos expériences. Ce en quoi nous transférons notre seule foi, nous porte ; quel qu'il soit. La force qui nourrit cette foi, réside dans la puissance même de ce que l'on croit, le degré de cette croyance, notre dévouement et la volonté qui y est octroyée. Que ce soit le visible ou l'invisible, le palpable ou l'impalpable, du concret, du tangible ou de l'imaginaire, une idole, l'eau, le vent, la terre, le Dieu du ciel ou même un simple mortel qui nous occupe cet espace de foi dans le cœur et le cérébral, nous cultivons et nourrissons cet ancrage durant la vie comme si notre vie elle-même en dépendait ; cette seule véritable source de certitude qui nous anime, coule dans nos veines et ne fait plus qu'un avec notre être, définit notre capacité à faire face à nos vies et la manière même de le faire, notre mental, l'aptitude à traverser les épreuves et les chemins de traverse. C'est en somme la définition même de notre être et de notre existence ; ce qui compte vraiment, c'est ce que l'on croit que sont les choses. En cela, il est important d'alimenter et de soigner les bons aspects et côtés de la vie, les bons sentiments, la bonne perception, le bon investissement, le dévouement de soi et le bon ressenti. La légèreté et le lâcher-prise, la douceur et la bonté, un peu de folie, du détachement, beaucoup de recul quand il faut les bonnes ondes et la bonne énergie, les belles vibrations telles que l'amour, la compassion, la solidarité, l'empathie, le respect, la tolérance, la recherche du savoir et de la connaissance, l'ouverture d'esprit, la reconnaissance, la gratitude, l'humilité, la bienveillance, croire en quelque chose de bon, de plus grand pourquoi pas… Bien sûr il existe le côté fourbe des faits, la tromperie et le détournement mais nous savons aussi faire la part des choses selon qu'elles nous conviennent. Si l'on se trompe de sentiments ou de conviction lors de cette spiritualité, du façonnage et de la sculpture de notre inconscient, notre esprit et de notre âme et pour peu que l'on en soit convaincu, le reste du cheminement s'avèrera erroné ou prendra simplement l'aspect qu'on aura voulu faire prévaloir. Les pierres brutes que nous représentons symboliquement sont à tailler, à polir et à lisser. Il y a malheureusement des âmes bien lourdes qui traînent des fardeaux jusqu'au bout pour avoir pris le chemin tortueux de polissage du côté sombre de l'espèce. Le temps guéri et allège les âmes en quête de soi. Cette quête de paix éternelle, de maîtrise émotionnelle, de découverte du véritable soi intérieur. Celui de l'accomplissement, de l'existence en tant qu'humain bienveillant. C'est un chemin de vie, une quête permanente, un cheminement dont il faut savourer la pleine conscience d'endurance des épreuves. Jamais le sommet n'est atteint et d'ailleurs, la réalisation se trouve dans le cheminement... Plus on croit s'y rapprocher plus on se rendra compte n'avoir qu'à peine commencé le chemin vers cette longue recherche inachevée. La Vérité est souvent un mirage, chaque fois qu'on croit l'atteindre, elle s'éloigne. Du coup, chaque étape atteinte en fait découvrir une, plus éloignée et qui exige le renouvellement de l'effort pour l'atteindre de nouveau.

La fin est un début

Il y a dans la vie, des choses qui naissent et finissent avant même d'avoir eu le temps de prendre tout leur sens, étouffées par des énergies contraires, entravées par une toxicité ambiante, reléguées à l'oubli et certaines choses qui existent avec force mais qui par négligence, par nonchalance ou même par manque de foi nous échappent. Il y a aussi ces choses qui finissent avant même d'avoir commencé, les prémisses prometteuses de grandes idées originales et bien assises qui s'évaporent. Aucun contrôle n'est possible sur le déroulement de tous ces faits, la seule possibilité si je puis dire, c'est la sincérité avec laquelle on agit en accueillant l'instant présent, la nature, l'authenticité. Rester vrai, croire en ce que nous faisons et faire croire en nous par la plus simple mais aussi la plus limpide des manières, sans force, sans exagération mais seulement avec grâce par la Vérité. Chacun de nous a sans doute sa vérité et y crois avec ferveur. Seulement, tout se discute et tout est question d'angle de vision ; car la vérité d'un tel Homme ne saurait être la vérité d'un tel autre Homme. C'est là toute la splendeur de la question. Il existe des vérités à nulle autre pareille car elles restent des références fondamentales et intemporelles pour tous ; pour avoir fait leurs preuves dans le temps. Tout comme dans une certaine mesure, le mieux que l'on puisse faire pour faire face à certaines situations, à certaines réalités, c'est de baisser les bras, d'abandonner pour mieux revenir et rebondir en laissant du temps au temps. C'est une façon de reculer pour mieux sauter. D'autres états de fait exigent que l'on s'y penche sérieusement pour faire valoir ses droits, défendre ses idées, ses intérêts et faire accepter des points de vue dignes d'être reconnus. Dit autrement, il faut parfois dans le meilleur des cas, laisser au temps le soin de rétablir les faits. Rien ne reste indéfiniment tout noir ou tout blanc sachant que rien sur cette Terre n'est parfait. Le temps redonne sa couleur aux choses et les rend tout aussi éphémères ; ou sinon arracher ce qui revient de droit sans ménagement.

La vérité pour moi, c'est ce que l'on tait souvent ; car c'est plus fort que nous d'en parler mais c'est aussi ce que l'on dit avec subtilité, parfois de façon franche et directe ; soit dans la plaisanterie, les crises de colère (c'est alors plus explosif, plus proche des blessures mais aussi de la levée du voile qui rendait jusqu'alors les choses opaques) ; ou même par le sarcasme et l'ironie. C'est aussi effleurer les sens avec des mots et gestes durs et doux à la fois, les dire par amour et par sincérité. C'est d'une infernale dureté et d'une grande délicatesse car elle est à la fois forte et fragile, violente et douce. C'est un vertigineux mélange de sagesse et de sermons, un cocktail passionné de douleur et de soulagement. C'est simplement une jouissance ; celle d'une pure évidence du moment dont nous prenons enfin conscience. Il faut un don ou un art en soi, et un mérite à la vérité. C'est parfois ce que l'on dit par amour ou par compassion, c'est aussi ce qu'on laisse échapper pour avertir ou pour mettre en garde. C'est une docile lionne tenue en laisse mais c'est aussi un massage verbal pour la délivrance morale, la paix de l'esprit, la quiétude du cœur et l'apaisement de la conscience qu'elle porte. Car en somme, elle porte un délicieux fruit libérateur mais aussi réparateur qui, sans faille, ne laisse aucune empreinte ambigüe sur le domaine de la conscience et de l'esprit tout comme elle libère et allège le corps lui-même d'un lourd fardeau. Elle met en face, l'auteur à ses réalités qui lui échappaient ou celles auxquelles il voulait échapper, en rétablissant l'ordre, en clarifiant les zones d'ombre.

Aussi vrai que les grands combats soient souvent menés en silence, beaucoup se cachent pour souffrir, pour mourir ou pour pleurer. S'éteindre dans la dignité, parfois il ne reste que cela. De ces amours interdites ou cachées et jamais dévoilées, des âmes innocentes détournées, de la fatalité des mondes cruels, de tous les passages de vie insupportables mais surmontés, naissent des douleurs impures mais aussi des êtres purs. Comme l'or éprouvé par le feu qui révèle ses meilleurs atouts, ces âmes fleurissent et mettent en évidence leurs meilleurs côtés après ces chaos. Toutes ces failles purgent l'espèce. Toutes ces guerres qui ne mènent qu'à la perte, qu'à la fatalité. Des horizons assombris par l'orgueil et l'égo

démesurés souvent pour prouver à tort sa raison. Un monde tout fait pour le paraitre ; où l'authentique serait devenu une absurdité voire la risée ; et surtout où la guerre des pouvoirs et des richesses matérielles est sans fin et ne laisse sur son passage que chaos, péril et désespoir au grand dam de notre espèce. Parfois pour ce seul pouvoir, des divisions sont nées, de la destruction pour quelques poignées de terres, de liasses ou d'espace que l'on finira bien par céder de gré ou par la force des choses. Le pouvoir du plus fort, celui injuste du contrôle, de la destitution, de la domination, de la manipulation, de la soumission et de la destruction. Certaines bases sont avilissantes, aliénantes, diaboliques et leurs fondations sont éphémères car ne tenant qu'à un vent, qu'à une vie. Sauf que d'une vie à l'autre les choses sont transmises, répétées, et perpétuées. Une boucle qui ramène sans cesse au point mort ; celui de la haine des opprimés envers leurs bourreaux et le dédain de ces derniers en retour, le cercle vicieux. A quoi bon tous ces combats infertiles qui ne résolvent rien aux véritables problèmes de l'espèce et servent uniquement quelques intérêts de poignée de personnes toutes puissantes ; si on part tous un jour ? Oui ! A la fin, personne ne s'en tirera en vie de toute façon. N'avons-nous pas assez souffert des faits anciens perpétrés dans les mêmes buts que ceux d'aujourd'hui ? Saurions-nous tirer leçon de nos prédécesseurs ? Tous ces modèles de sociétés avec des Hommes programmés pour échouer à la fin… Ils entrent à la chaîne dans un système éducatif et de modelage comme cela est fait en usine pour les produits de consommation… Les crânes sont bourrés. Ils sont façonnés, étiquetés, robotisés et à leur sortie ; sont envoyés au front (vendez ! Combattez ! Soyez impersonnel comme des bêtes dressées ! Restez endormis !). Hélas ! La transmission des belles valeurs si durement sauvegardées dans les mémoires collectives et difficilement sauvées de l'œuvre dissimulatrice du temps et des travestissements majorés par les hommes de génération en génération, n'épargne en rien ce revers de la médaille. Les mondes restent campés sur leurs positions jusqu'à ce que cette Terre ; fâchée et au bord de l'agonie, libère sa colère en se sentant toute polluée de ces égoïstes appelés humains. Ces volcans qui se réveillent, ces séismes qui effacent des vies entières, ces maladies qui déciment l'espèce et ces guerres montées de toute pièce qui jouent leurs rôles modérateurs certes de chaos et de destruction massive à certains égards mais aussi de rétablissement d'ordre, d'un réajustement, d'un rééquilibrage en quelque sorte,

remettent les choses à plat. La Terre elle-même semble nous donner des leçons en se fendant, en se divisant, en bougeant, en respirant tout en nous engouffrant. Elle nous envoie des signaux forts de son étouffement, de sa frustration et de sa suffocation, de son ras-le-bol de ce qu'elle subit sans arrêt, au bord de l'agonie. Elle nous met en garde ! Toute frêle et poltronne que semble l'espèce humaine quand la nature se déchaîne et se relance quand même en se régénérant, en se rétablissant comme pour nous redonner une chance au prix de nos vies, au prix de nos souffrances ; elle se rebelle par l'oubli et récidive plus tard après ces passages chaotiques. Ah l'Homme ! Qu'il a souvent la mémoire bien courte ! Nous avons parfois besoin de traverser une tempête pour accepter d'affronter la réalité tout comme il arrive que cette dernière soit là pour nous ouvrir les yeux. Et quand tout est fini, il ne reste plus que l'amour pour tout reconstruire. L'Amour à lui seul suffit pour tout faire ; tout refaire tant il est immense et infini. C'est ce qu'il nous reste tant à apprendre et à comprendre !

Les chimères que causent ces batailles, sont remplies de sens même si dans bien de cas, il faut profondément creuser pour le trouver et s'en rendre compte. Des nœuds à dénouer, une main tendue, un sourire sincère, une simple parole à donner, une épaule de réconfort pour s'épancher, une oreille attentive, tendue pour l'écoute d'une confidence, un secret bien gardé, un moment intense de confiance et de partage complice rempli de promesses ; rend plus supportables certaines étapes perçues comme vides de sens, dénuées d'importance ou trop dures à supporter.

Les chemins que nous empruntons sont souvent plus faciles à cheminer à deux car parfois, il nous faut un coup de main pour nous relever dans les moments de faiblesse, quand on a un genou atterré. C'est naturel, nous avons toujours besoin d'un coup de main. C'est normal, nous sommes faits pour nous entendre, pour vivre ensemble, pour nous aimer mais la haine s'installe et divise le Monde pour en faire des mondes. La vie est alors vide de sens car souvent, l'emportent l'immatériel et l'incertain, laissant les vraies valeurs de côté ; celles simples de vivre en tant que simple être humain, d'accomplir son rôle sans grand bruit et de partir dignement sans demander son reste.

On a tous une part en nous, cette zone d'ombre mélancolique

et chagrinée que personne sur cette Terre ne comprendra. Nous avons nos démons et nos bons sens. D'agréables moments marqués que le temps nous rappelle, le mystère ancré au plus profond de nous-même que nul ne peut décrypter ou résoudre, pas même nous. Il comporte ces moments de faiblesse où l'on met genoux à terre, on se cache, on pleure, on cri, on se tord, on s'exprime uniquement avec des gestes, des mouvements, les émotions car aucun mot n'expliquerait vraiment ce mal-être, il est sans mesure. Non ! Aucun ! Ces maux n'existent pas pour tout le monde car chacun les vit SEUL ! Les mots peuvent simplement interpréter et en partie nous soulager de ce dont nous souffrons, de nos tortures, de nos hantises et de nous en délecter en daignant partager moralement cette sourde souffrance muette. Les démons qui nous hantent restent parfois de lourds fardeaux à porter et dans le pire des cas, à vie ; cela n'est qu'une énigme de la vie. Notre cheminement et aussi notre quête de nous-même. Nous allons dès lors à la recherche de notre être le plus enfoui, afin de le sonder et de comprendre le pourquoi de notre existence. Nous sommes tous là et il faut en découdre alors avec ce qu'il faut accomplir. Ce que je vais laisser suivre est mon histoire, ma vie. C'est ma Vérité.

Les chemins du possible

Alors, je concède que souvent, nous nous racontons et nous accrochons peut-être à des mensonges auxquels nous croyons avec ferveur et finissons par en faire nos vérités. Rien n'est totalement vrai dans la mesure excessive. Si par exemple par le pire des hasards, on nous ordonnait sous menace mortelle de ne plus aimer un être qui à la base nous était cher, et cela face à un choix cornélien entre cet amour-même et la pendaison, je puis vous garantir que nous sauverions nos vies (du moins dans la plupart des cas – Ma foi ! L'Homme ayant ses faiblesses ; des couilles, il faut en avoir une belle paire pour choisir de se laisser suspendre au bout de la corde et de se voir partir), pourtant il y en a dans le tas qui n'hésiteraient même pas. Et parce qu'on s'aime toujours avant d'aimer les autres, il est aussi rare de trouver des sacrifiés volontaires. Les vérités d'aujourd'hui ne sont pas forcément celles de demain.

Mon nom c'est Henri ; je suis un quinquagénaire enjoué. Amateur de sensations fortes et amoureux des découvertes insolites, extraordinaires. J'adore aller à la rencontre des autres civilisations et m'enrichir de leurs diversités ; une source inépuisable de joie pour moi. A un âge plus tendre, j'ai aimé frôler les airs dans des cascades dangereuses en moto-cross, voler dans les airs et narguer les montagnes. D'après mes compères (toujours surpris par mon "grand" âge sans y paraître), j'ai l'air plus jeune. Grand physique avec un corps plutôt agréable ; robuste et pourtant entamé par la vie et le passage du temps consommé sans réserve. Un visage plus ou moins rondouillet ; depuis que je me gave sans me dépenser (surtout quand je me laisse aller à mes gourmandises), garni d'yeux malicieux nichés dans leurs cavités pas trop rapprochées, d'un nez fin qui les sépare, plus ou moins long et d'une petite bouche juste là où il faut ; aux lèvres plutôt roses que grises, bien visibles entourées d'une barbe (pas toujours rasé de près), des sourcils touffus et quelques peu broussailleux que je fais tailler de temps en temps chez le barbier. Une chevelure longue que j'aime attacher en queue de cheval. Pas totalement séducteur mais homme à femmes quand même ! Bon allez ! Séducteur à souhait ! Mais que voulez-vous ? J'aime plaire à ces chères, je n'y peux rien. J'ai eu une première vie de couple qui, les choses de la vie étant ce qu'elles sont, s'est finie après quelques décennies d'union. J'ai enchainé quelques unions libres et détachées qui m'engageaient sans m'emprisonner et où chacun en tirait son compte. Célibataire depuis quelque temps, j'ai décidé de prendre le temps de vivre et de laisser faire les choses. Depuis peu, j'habite la troisième rue du boulevard Mali Béro. Je suis actuellement dans l'écriture sur la civilisation africaine et des autres mondes et un autre emploi qui m'occupe (entre autres) est coach de vie et thérapeute ; une discipline entre la psychologie et les thérapies brèves avec ou sans hypnose (la médecine douce m'attire en général). Pour le premier, c'est tout simple ! J'ai penché pour les littéraires en tous genres dès ma plus tendre jeunesse par amour pour cette grande liberté qu'ils communiquent à travers leurs expressions respectives, leurs idéaux, leurs êtres, leurs personnalités et les rêves qui les caractérisent. Je suis fasciné par les belles tournures qu'on peut faire avec de simples mots, la joie qu'on peut engendrer en les utilisant habilement, la beauté qu'ils apportent à l'âme des lecteurs et auditeurs, le pouvoir de questionnement et d'interrogation à sa guise et tout ce qu'il est possible d'en faire ; car faute de mieux, les mots sont ce dont nous nous servons pour nous exprimer le plus souvent. Mais le sens artistique est large et permet l'évasion à travers tant d'autres merveilles artistiques telles que la gravure, la peinture, le modelage, la danse, la méditation… Autant de beautés qui ne me laissent pas indifférent. Une infinité de chemins tous aussi puissants les uns que les autres qui permettent de se réaliser, de s'exprimer et de s'extérioriser. Mais moi, j'ai toujours aimé la littérature, les beaux-arts, les écrits sous diverses formes, la théâtralité et la beauté de la grande éloquence, la finesse du beau langage, l'art en général mais en ce qui concerne la psychologie, j'ai du mal à expliquer comment je suis devenu thérapeute car à mes tout début, rien dans mon parcours ne le présageait et me vouait à cette finalité. Ma foi, il faut croire qu'il y ait quelque part en moi, un sens inné de la psychologie ; je devais avoir les acquis et inspirer confiance à tous mes joyeux semblables qui rencontraient mon chemin, pour qu'ils me confiassent leurs vies entières sans méfiance et sans penser au lendemain afin que j'y intervienne de façon à les aider à y voir plus clair. J'ai fini par m'y plaire et me suis voué à cette discipline qui me collait tant à la peau. J'étais heureux de me savoir utile à quelque chose touchant à la valeur et à l'intégrité même de l'humain en quelque sorte. Je me sentais comme un chevalier à la guerre aux tourments. Je pansais des blessures invisibles à l'œil nu et en tirais amplement satisfaction dans la mesure où les seuls témoins de cette intervention n'étaient autres que moi et le bénéficiaire de ma sincère bienveillance. Un échange empreint d'humanité et rien que cela. Sans jugement et sans prise de tête ; nous nous évertuions à planifier des codes et à casser l'aliénation dans la plus grande discrétion. Remplaçant ainsi un mensonge par un autre ou si l'on préfère une vérité par une autre de façon à bien se sentir avec cette réalité puis à bien s'en arranger. Les choses étant, somme toute, que nous sommes toujours à la recherche de nous-même en quête de nos chemins, j'ai fini par me retrouver là, néanmoins j'en suis heureux et si je puis dire, au fond, c'est dans l'ordre des choses. Tant de chemins parcourus et tous ces parcours m'ont conduit ici ! Ce n'est pas un hasard, c'était caché au plus profond de moi. J'ai erré, papillonné de métier en métier avant de me poser enfin. Tout ceci a fini par faire surface ; se révéler et c'est sans regret pour moi car j'ai fini par trouver mon chemin.

Sur un air du désert

Beaucoup reviennent de loin quand on prend le temps d'écouter leurs histoires. Je me remémore encore l'histoire de cette grande dame qui, un jour, a rencontré mon chemin et dont je me suis très vite attaché. Wallet, une personne d'apparence très ordinaire ; au passé tumultueux, qui a accusé pas mal de coups tout au long de sa vie et dont nos chemins ont fini par se croiser. Grande dame qui allait alors hanter mes rêves les plus délicieux. Wallet et moi nous sommes rencontrés dans un café où j'ai pris l'habitude d'aller pour le calme qui se prêtait à mes notes. Un lieu inspirant ; j'y ai réalisé beaucoup de mes écrits. Ils portent en l'occurrence sur les diversités interculturelles, l'analyse de mes interactions d'avec mes patients et au-delà, les découvertes que je faisais tous les jours sur les capacités du cerveau, l'intégration de l'homme en société et la sociologie des lieux qui m'hébergeaient. Je m'inspire de mes multiples voyages pour laisser une empreinte de mon point de vue très enrichissante. Ainsi, celui qui n'a pas bougé de son pays pourra toujours voyager à travers ces lignes. De ce fait, l'homme n'est que la somme de ses croyances. Plus il les accroît en les enrichissant de pleins d'autres savoirs et savoir-faire, plus il les change dans son attitude et son aptitude. L'esprit carré disparait en laissant place à la créativité et à l'imagination sans frontière, sans jugement avec un laisser-aller de soi dans le temps et l'espace sans indifférence. Je suis la somme de mes voyages.

Vous serez étonnés de savoir que ce que j'ai fini par conclure un jour. Tout bien réfléchi… Non en fait ! C'est que nous sommes tous humains ! Ha ha ! Le même sang rouge qui coule dans nos veines, la même douleur quand on reçoit des coups, la même peine dans la douleur et la même beauté lorsqu'on sourit. Bref ! La beauté réside surtout dans le fait de grandir au contact de l'autre ; de chacun de nos semblables pour la richesse qu'il nous transmet et la culture qu'il nous fait découvrir que l'on n'avait jamais soupçonnée auparavant. Partager ces diverses richesses auxquelles j'ai eu librement accès, n'est que justice face à tant de générosité et d'humilité de mes compères.

J'y allais souvent, dans ce lieu calme ; plus pour me retrouver que pour y retrouver d'autres personnes. Wallet, elle, était là ! Une belle et jeune enchanteresse à la longue chevelure nouée en une épaisse tresse qui lui tombait jusqu'au bas du dos, à la naissance de sa raie des fesses (enfin je vous vois venir… Mais voyons ne soyez pas grossier ! Je l'ai juste deviné, elle n'était pas nue). Elle avait la peau très claire et le teint bleui par son éternel châle indigo qui lui déteignait sur la peau. J'ai d'ailleurs trouvé très curieuse cette façon de se laisser teinter le corps par son vêtement ; Wallet m'expliquera plus tard que c'est une pratique courante et même bénéfique pour la peau qui était alors protégée des rayons ultraviolets du soleil. Des yeux très clairs, presque verts si l'on y plonge longtemps son regard, un nez affiné, pointu qui allait avec les traits fins de son beau visage, une silhouette longiligne, raffinée lui donnant l'allure d'une de ces reines de beauté qui font la fierté de leurs pays ou ces top modèles qui ornent majestueusement les pancartes publicitaires des plus grandes enseignes qui peuvent s'offrir leurs services (je sais, c'est un peu cliché mais que voulez-vous ? Ce sont là mes repères de par mon passé et mon histoire et je ne peux m'empêcher de penser ainsi ! Bien sûr je reste réceptif aux autres mœurs et à leurs critères d'appréciation et de catégorisation ; cela m'enrichit incroyablement). Bref ! De tout ce que j'ai dit, ce qu'il faut retenir, c'est qu'elle était B-E-L-L-E ! C'est en effet une reine du désert, une gazelle des savanes. J'étais à la fois conquis, décontenancé et intrigué de voir celle que je croyais être une belle étrangère, s'accommoder tant et si bien les coutumes de ce pays notamment celles de ce peuple qui me fascinait tant, celui des Targuis. En plus de ce châle indigo typique du coin, qui d'une couleur bleu violacé brillante et presque à reflets dorés très foncée mais qui déteint en bleu au contact de la sueur et de l'humidité sur la peau ou dans l'eau ; que je reconnaissais si bien, elle s'était ornée remarquablement le cou d'un assemblage de chaines perlées de pierres de couleur rouge vif ; au pendentif d'une des vingt et une croix du pays. Celle qu'elle portait représentait indubitablement la croix d'Agadez. Avec à ses poignets, de belles manchettes aux gravures ethniques au bout de ses longs bras et qui ne laissaient surement personne indifférent et d'une mignonne chaîne de cheville en billes argentées et aux perles précieuses multicolores.

Ces nomades fiers, enturbannés et aux coutumes ancestrales jamais délaissées, sont sans nul doute les meilleurs ambassadeurs de l'héritage de leur belle et riche culture. Une merveille, un joyau avec en coin un sourire qui laissait deviner le passage du temps (aussi peu soit-il) et de l'enseignement qui contraignait la force de caractère forgée par ce dernier chargé d'expériences. Une douceur expressive mais aussi un regard profond, vaste sans rien laisser deviner et chargé d'émotions. Wallet attisa dès lors ma curiosité, une sorte de réaction attractive telle qu'une irruption de l'énergie d'un champ magnétique, une forte attirance qui pourrait caractériser celle d'un aimant, elle ne laisserait personne indifférent cette charmante créature tant sa présence était forte et imposante, son aura brillante. Parée jusqu'aux dents de ces beaux bijoux et vêtue simplement de son histoire par une tenue qui parlait à sa place, je me laissais transporter, subjugué ; dans son monde sans difficulté. Ces fameuses tuniques ethniques touarègues typiquement brodées et soigneusement confectionnées, faites de couleurs et d'amour culturel qui laissaient tout de suite deviner l'empreinte de son origine. Ces broderies ancestrales délicatement travaillées, décoraient majestueusement ce mini boubou sur le buste d'une énorme croix tissée sur un tissu blanc en coton raffiné, de fils épais blanc, noir et argenté. Et tous ces croisements colorés qui s'entrelaçaient sur le contour du cou, occupaient en descendant vers l'avant, l'ensemble de la face avant de ce beau vêtement longuement et finement travaillé. Accommodé par un sarouel noir, bien bouffi et tissé de blanc sur les bords du bas, posées et tombant presque comme des bijoux tissés aux chevilles, de grosses bagues ourlées de fils épais qui portaient chacune, une croix les précédant et qui mettaient chaque cheville en valeur. Un énorme pendentif maroquin, en peau de vache habilement travaillée sur lequel était collé une forme de bijou en grosse plaque argentée gravée ; servant à la fois de collier et de petit sac en bandoulière, lui pendait sur le bide. Coloré en vert, jaune bleu et rouge vif et toutes ces couleurs en fines rayures qui se tassaient et donnaient un joli rendu gai sur ce cuir raffiné. A ras le cou un collier en bille argentées et en pierres précieuses qui laissait découvrir un petit pendant en forme d'une croix en argent massif. La croix dont il me tarde de découvrir la véritable signification, l'origine même et la symbolique. Cet ensemble magnifique rendait non seulement hommage à son porteur mais aussi à ces vaillants artisans tant le rendu final était sublime et significatif d'histoire. Tout cet accoutrement semblait sortir tout droit des temps anciens. C'était si bien fait et porté, que j'enviais ce monument. J'avais envie de m'habiller ainsi, de porter ces couleurs et ce travail acharné pour marcher fièrement et honorer les doigts habiles de leurs créatifs confectionneurs.

Quand nos regards se sont croisés, j'étais sur le point de commander un café auprès du maître de céans, Wallet m'a alors intensément charmé par ses yeux souriants et son imposante aura. Je ne m'en dérobais pas, j'avais pour but de me rapprocher. Elle occupait tout l'espace à elle seule et illuminait la pièce. Nous nous sommes tout de suite compris mais j'étais loin d'imaginer la tournure que prendrait alors ma vie à ce moment même.

Ma vie

Je me retrouvais dans une ville assez élégante, un endroit occupé par de charmantes personnes chaleureuses et for accueillantes. Un terroir idyllique où tout était à faire et semblait si facile et à portée de main. Je me suis tout de suite senti chez moi. J'arrivais alors du Var où se trouvait ma ville natale. Eh oui ! Je suis un homme du Sud ! J'aime le soleil et sa douce caresse (pas trop fort, sinon ça brûle et bonjour les dégâts) ! Celle qui a bercé toute ma jeunesse ; où j'ai passé toute mon enfance, avec mes parents. Je suis le cadet d'une fratrie de deux, ma sœur aînée me devançait de trois ans. Une enfance heureuse et un train de vie commun, sans encombre, puis par la suite, une vie maritale que je menais tranquillement avec à la clé deux adorables enfants. Mon travail était prenant ; j'exerçais sans relâche mes fonctions en freelance ou par affectation à travers le monde. J'aimais ma grande liberté et détestais être enchaîné. Je m'expatriais volontiers et y prenais plaisir. J'ai alors visité beaucoup de pays sur les différents continents. Celui qui m'a le plus marqué d'affection c'est le continent africain. J'y ai passé plusieurs séjours, parfois même plusieurs années et dans plusieurs pays. Au bout de vingt-cinq ans de voyages, de périples et de découvertes plus extraordinaires les unes que les autres, je vais finir par me lasser de ces quoique délicieux mais interminables voyages et puis j'avoue que mon âge aussi y est pour quelque chose. En effet, c'est sûr qu'on ne se rajeunit pas, chemin faisant. Alors il y a deux bonnes raisons de se fixer ; celles de l'amour et de la raison. Même si je ne me lasserai jamais d'apprendre et de découvrir de nouveaux horizons. Les voyages j'en ferai moins et j'en profiterai plus.

J'arrivai à Niamey par une nuit d'été, l'air sec et chaud m'a accueilli dès mon arrivée sur le territoire car c'est un climat que je ne connaissais pas alors, ou que je connaissais approximativement. J'avais la bouche desséchée et une soif d'enfer qui ne me quittait pas malgré toutes les bouteilles d'eau que je m'enfilais. Le premier contact passé, j'allais m'y accommoder et m'acclimater sans grosses difficultés. Niamey est une ville sobre et belle, la capitale du Niger, un pays sahélien ; désertique. Les habitants y sont agréables et chaleureux. Leur hospitalité m'a marqué. Le bel accueil qu'ils m'ont réservé m'a mis du baume au cœur et j'ai tout de suite trouvé ma place, je me suis senti chez moi.

Rencontre avec Wallet

Je passai au comptoir prendre mon café puis j'en profitai pour engager la conversation avec cette belle créature qui titillait tous mes sens (soyons sérieux un instant je parle de titiller dans le bon sens du terme, avec respect et élégance sans outrer !). Je la saluai en venant vers elle et elle me répondit avec enthousiasme, une personne forte et vive dans ses expressions, tout ce que j'aime, l'authenticité ne m'échappa pas pour l'œil à peu près renseigné que j'étais. Nous avons parlé du temps chaud et des nouvelles d'actualités de la ville, une chose l'autre et le temps a vite passé. Nous avons finalement pris le café ensemble et j'ai longtemps admiré ses belles dents bien rangées et éclatantes de blancheur, ses fossettes saillantes ; bien dessinées qui ressortaient davantage quand elle parlait ou qu'elle mettait sa tête en arrière tout en soulevant légèrement son menton pour dégager sa longue chevelure qui semblait la gêner, d'un geste avec le revers de sa main. Ces petits nids de beauté qui se creusaient dans ses joues lorsqu'elle souriait, la rendaient irrésistible à mes yeux voraces. Wallet est une belle femme, cultivée, avec le contact facile et aisé, nous avons naturellement et longuement discuté comme deux personnes qui se connaissaient depuis longtemps et s'étaient perdues de vue ; puis qui se retrouvaient là par hasard. En prenant congé l'un de l'autre à contre cœur (eh oui il fallait bien le faire à un moment ou à un autre), nous avons tout naturellement échangé nos contacts respectifs au moment de nous quitter afin de pouvoir nous revoir par la suite.

Wallet était intarissable de questions tant sa curiosité était aiguisée. Sa timidité polie due à l'éducation qu'elle avait reçue et qui laisse transparaître un être froid et distant au premier abord, cède place à un cœur tendre à souhait lorsqu'elle baisse la garde et laisse tomber sa cuirasse. Sa fraîcheur exaltante, une franchise à toute épreuve et sa sensibilité à fleur de peau. Une belle personne riche du cœur et de la tête avec un tas de qualités qu'il faut se donner la chance de percevoir. Ne sachant pas beaucoup de mon domaine d'expertise, elle me bombardait de questions et me surévaluait à plus d'un titre. Je lui expliquai alors qu'être thérapeute ne me dédouanait pas de ma personne et de ma personnalité ; que j'avais mes propres peurs, mes propres démons. Parfois, face à certains patients, j'avais juste une longueur d'avance grâce - d'une part à mes connaissances acquises qui me permettaient facilement de déchiffrer et de mettre un nom sur ces sentiments, ces états de fait, sur ces états d'âme ou toutes ces disgrâces ; et d'autre part ; face à d'autres, j'avais plus d'aisance par expérience ! - Celle qui m'a forgé ma lucidité, mon interaction avec divers personnages et de toute contrée ; ma vision éclairée par ces riches échanges ; l'esprit vif et ma vue perçante tel un radar qui, une fois le regard posé sur la question, y faisait tout de suite le tour. C'est aussi une science ! Peut-être pas exacte mais on peut développer des acquis par expérience intuitive et parfois même par le simple ressenti ; le troisième œil... Le sixième sens est à explorer pour certaines personnes car souvent il ne trompe pas (pas de panique ! Il peut s'agir de situation bien précise sur laquelle on a un droit de regard par sollicitation ou tout simplement des faits déjà vécus ou rencontrés ailleurs, en somme l'expérience aussi entre en jeu, c'est d'ailleurs elle qui imprime son empreinte sur le corps et laisse deviner les situations similaires). Tout cela avec un zeste d'empathie, une once de compassion et une écoute sans faille ; de l'humanité quoi. Il existe des milliers de possibilités sur une situation donnée et souvent, à tort, nous nous campons sur celle qui nous obsède et restons sur nos positions avec la certitude d'avoir raison ! Le fait est que j'ai parcouru le monde depuis ma tendre jeunesse et j'ai très vite compris que l'opinion change radicalement d'un pays à un autre, mais que dis-je ? Ma foi même d'une pièce à une autre en plus de changer d'une personne à une autre dans un même endroit (ça s'appelle la liberté de pensée et d'opinion), chacun en a une qu'il entend défendre fermement ! Il y a de la répartie. La perception de tout un chacun influencée par son vécu et son interaction d'avec le reste du monde lui reste propre et unique. Donc s'il arrive que l'on traite des données erronées et qu'on persiste à continuer dans le même sens, il arrive souvent des bugs dangereux qui gâchent l'existence et la qualité de vie ; c'est là que je suis sensé intervenir. Dans certains cas et pas les moindres, il suffirait souvent de quitter un milieu toxique et inhibiteur qui bloque ou freine tout développement et épanouissement personnel. Oui, la vérité change souvent de visage, elle n'est pas seulement d'ordre existentiel ou tout simplement humain. Hélas, elle allie dans une certaine mesure un mode de vie, un mouvement de groupe, une manière de penser, des religions, des cultures, les coutumes, les traditions, les légendes et mythes, le mystérieux, l'incertain et j'en passe dont il faut tenir compte en fonction de qui l'on a en face de soi. Malheureusement la qualité humaine n'est pas uni-vers-elle et chacun de nous a appris et imprimé sur lui des choses qu'il est le seul à avoir apprises et vécues avec son être et sa façon. Avons-nous vraiment raison ? Ou seulement le croyons-nous ? Oui parce que nous avons notre raison et les autres ont la leur. Si nous vivons dans le mensonge, nous avons alors besoin d'être bien et en accord avec celui-ci, sans intoxication, sans en être dérangé. Dès lors qu'il nous pourri la vie, quelque chose doit être fait (bien que voulez-vous ? S'il y en a qui ne sont heureux que dans le mensonge, c'est tout ce qui compte à la fin ! D'être heureux. L'important étant de s'en accommoder et d'être bien dans leur peau). D'ailleurs la vérité elle-même ne serait-elle pas un faux mensonge ? D'une certaine manière, elle indique une chose ou un fait à un moment donné, puis quand le temps passe ou que la donne change, cela peut s'inverser et ne plus rien signifier de valable… Ne plus rien vouloir dire… Bref ! Parfois les choses sont évidentes, nous avons juste besoin d'être mis devant les faits pour qu'on puisse les affronter, nous avons besoin de cette aide extérieure qui met le doigt sur ce que l'on sait déjà en lui donnant un autre regard, un autre sens, une autre facette et c'est ce qui pourrait très souvent faire le déclic. Nous sommes d'une simple complexité par la commune mais unique humanité qui nous assemble, celle à la fois sombre et ténébreuse par le mystère intérieur que cache tout être et transparente par le paraître. Sur ce bout de chemin qu'est la vie que nous traversons, nous faisons et refaisons des choix qui nous conduisent exactement là où nous en sommes au moment où l'on en parle. Nous ne connaissons pas la finalité et c'est là tout le sens de cette magnifique énigme. On pense avoir le contrôle jusqu'au jour où l'on se retrouve seul ; au bout de sa vie face à son parcours ; avec à la clé le sentiment de dualité ; qui oppose ce qui est fait à ce qui aurait dû l'être ; en son for intérieur qui nous laisse dans la bouche le goût amer de la déception dû à la frappante réalisation que l'on vient de faire, celle du non-contrôle total. En effet nous contrôlons peut-être nos choix sur l'instant et encore… mais ignorons tous leur portée pour la plus grande part. Ma vérité c'est mon bien-être, j'en fais un combat personnel permanent et régulier. Vivre et mourir en paix et en toute sérénité, ce n'est pas gagné dans ce monde à l'allure où vont les gens et les choses. Veiller au grain pour s'en sortir indemne étant vivant et partir avec grâce, sans séquelles ; c'est un travail à faire au quotidien.

Après le passage par toutes ces phases désarmantes et déroutantes que nous réserve la vie, on se retrouve à s'entendre énumérer tout le travail rétrograde à faire avec pour simple base notre résumé sur la situation. Le compte à rebours s'enclenche ! Cela n'efface pas les faits mais il a le mérite de nous apaiser, d'enlever le poids de l'ignorance et de lever le voile jadis posé sur nos yeux, qui nous empêchait de clairement voir et avec le recul nécessaire tout ce qui a pu se passer et comment cela s'est passé. C'est rassurant. Quand nous sommes dans le lâcher-prise, nous prenons de la hauteur, là, tout apparaît simplement avec évidence ! Ce que nous ne voyions pas ou tout simplement ce que nous croyions voir qui prend d'autres formes, d'autres dimensions. Le puzzle reconstitué ! Nous y posons un autre regard, celui nouveau et la donne change. En effet l'ignorance est le plus grand mal qui plane sur quasiment toutes les situations. Une véritable gangrène. Quand on comprend les choses, on les assimile mieux et on peut les digérer. De toute façon, à l'allure où va ce monde, plus personne n'est bien portant, chacun traîne quelque chose qu'il soit grand ou minime ; bon à l'évidence, certains plus conscients que d'autres de ce qu'ils traînent mais nous sommes tous concernés.

Esprits détraqués – L'imposture

De passage dans une ville il y a de cela plusieurs années, j'ai été le voisin de ce que j'appellerais d'un premier abord, de charmantes personnes. Très vite, j'allais déchanter car si l'entrée en matière ressemblait à un bel appât appétissant lancé à un merveilleux idiot, la suite s'avérerait moins dorée. Ces dernières pour m'impressionner, n'ont ménagé aucun effort dans leur première approche expressive presque avec pression. Celle de la bienvenue au nouveau voisin. Rien de bien méchant jusqu'ici. Une façon pour elles de marquer leur territoire, leur présence et même parfois un peu trop comme pour épater la galerie (je n'ai rien contre les fanfarons). C'était un jeu de rôle dans lequel il fallait montrer au nouveau venu qu'elles étaient les premières sur la place, donc les "maîtres" du lieu. C'est ainsi du moins, que ça se passait dans leurs esprits. Bien sûr chaque maison était individuelle et personnelle mais bon, il faut croire qu'il y a un administrateur en toute chose. Certains se sentent un peu trop concernés et investis dans la vie du voisinage au point de tourner au harcèlement. Sous leurs insistantes sollicitations, je n'ai pu que me plier à leur volonté. En général, j'étais plutôt casanier et souvent le nez dans mes bouquins. Nous avons partagé ensemble de belles soirées arrosées auxquelles je me suis prêté au jeu des arrivants initiés ; au cours desquelles certaines personnalités n'ont pas résisté à se révéler. Un couple de sexagénaire formé par le temps des voyages et diverses rencontres, par les périples et les découvertes exotiques. Deux personnalités diamétralement opposées de caractère qui se sont pourtant bien trouvées ; soit chacun cachait bien son jeu. Un soir où nous avions tous un verre de trop dans le nez, les langues se sont un peu trop déliées et des pensées profondes apparentes à de terrifiantes confidences se sont échappées sans crier gare ! Tantôt dans les blagues dures tantôt des affirmations vives de fermetés et d'une conviction qui ne dit pas son nom sans laisser place à la tolérance ni à la chance de se tromper. Les idées reçues non revues en somme malgré l'ouverture d'esprit que ce couple voulait incarner.

Le patriarche qui cherchait de force à s'imposer tel un gorille qui voulait marquer son territoire dans une jungle avec sa famille ; la femme d'une fausse docilité apparente qui semblait suivre le mouvement, jouait le jeu sans rien laisser paraître. Le théâtre des vanités. Un exhibitionnisme insolent, une prostitution de soi assommante au cours de laquelle il fallait à tout prix monter le luxe et la vie de luxe sans vraiment le valoir ; narguer l'autre avec de la fumisterie ! Peu de modestie et pas du tout d'ancrage niveau savoir-vivre et savoir-être ; il y avait là trop de lacunes que j'avoisinerais volontiers plus à du racolage. Mais au fond les choses étaient autres, le temps a tout dévoilé. Cet homme qui faisait mine d'être le dieu de la terre, avait en réalité souffert par le passé. Ayant perdu jusqu'à sa dignité pour avoir longtemps souffert d'un chômage mal vécu avant de se réinventer, son auto estime en avait pris un sacré coup. C'était sa façon à lui ; après avoir repris les rênes de sa vie, de rétablir l'ordre que de souffrir d'une autre forme de complexe. Celui de la supériorité. Il était devenu un « homme faiseur d'affaires », c'était la première fois de ma vie que je voyais une telle fonction inscrite sur une carte de visite. Mais que voulez-vous ? Quand on n'a pas de vie, il faut s'en inventer une ! Il a tenté de me refourguer son petit bateau de pêche alors même qu'il savait que je n'étais là que de passage ! Pour un court séjour. Ses relations étaient souvent d'intérêt et d'affaire. J'ai vite fait de comprendre à travers nos discussions épicées et alcoolisées mais fort révélatrices de la sincérité, que cet homme était en réalité non seulement un raciste pur et dur qui faisait travailler ceux qu'il méprisait, mais aussi un escroc qui trempait à toutes les sauces. Il a monté entre autres une arnaque au système de l'Etat pour sa famille pour le peu que j'ai compris alors. Il faut dire qu'il en met les moyens. Sa femme souffrait d'un trouble de la personnalité proche de la bipolarité, une perturbation de l'humeur qui lui donnait l'allure d'une sangsue, la froideur d'un serpent et le mental d'un espion dans ces temps de crise. Quel assemblage n'est-ce pas ? Assez lunatique et cela pouvait expliquer son invalidité pour un quelconque métier à long terme. Invalidité camouflée aux yeux des autres et qu'ils font passer pour de la bourgeoisie (trop nantie pour travailler !). Devenue une invalide déclarée, elle était constamment oisive et devait impérativement se trouver une occupation quelle qu'elle fût. Etant une ancienne coiffeuse de profession dans les temps de jeunesse et de disgrâce, elle était devenue femme au foyer touchant ses allocations sans avoir besoin de se bouger l'arrière-train. Je n'ai rien contre les profiteurs du système mais quand ils deviennent trop présomptueux, cela attise quelque peu ma colère. La combine étant intéressante, ils ont étendu la manœuvre à leur descendance pour profiter du système sans encombre tout en soumettant ces pauvres à des expertises médicales soutenues pour justifier ces faits. Bien sûr à force de s'y appliquer, ils sont tous réellement devenus fous, sondés et décortiqués par des experts à tout va, ils s'y sont pris au jeu et ont crus en leurs mensonges et en plus ils étaient payés pour cela ! Avec les contacts qu'il s'est fait dans le temps, le problème ne se posait pas sur cette petite île où tout le monde se connaissait ou presque. Il a monté l'arnaque et a assuré ses arrières en se faisant assisté par ses amis accrédités qui lui fournissaient les documentations nécessaires à la réalisation de ses manœuvres à chaque fois qu'il en réclamait l'utilité, de manière à ne pas se faire prendre. Sa femme, elle, était sans cesse derrière la clôture en haie qui séparait nos maisons respectives dans le seul but de voir ce qu'il se passait de l'autre côté de chez-elle, c'est-à-dire chez moi. J'étais sans cesse épié, surveillé dans mes moindre faits et gestes. Elle devenait carrément obsédée par mon voisinage et faisait tout pour me voir et me parler. Un borderline caché ! Quand il m'était impossible de l'éviter, je laissais parler ma politesse mais elle voulait toujours en savoir plus. J'ai fini par me lasser de leurs excès ; cette jalousie maladive et intéressée juste pour assouvir leur curiosité mal-placée et rassurer leur égo. Ils avaient besoin de savoir ce que je mangeais, comment je le faisais, si j'achetais ou pas une maison pour m'installer définitivement ; si j'étais amoureux de ma compagne de l'époque et comment on couchait ensemble. Des esprits tordus et malfamés, devenus vieux et désœuvré, ce couple qui s'ennuyait d'être toujours vivant, s'était trouvé pour principale occupation d'espionner et d'emmerder tout celui qui avait le malheur d'habiter trop près de lui. J'ai fini par déménager loin de ses forces hostiles pour retrouver ma sérénité. Mais c'est de là que tout a commencé pour moi. Très tôt, je me suis penché sur ce que j'appellerai la boîte à penser de l'homme. Leur cas qui m'a pourtant oppressé sur le moment, m'a longuement interrogé sur la nature profonde de l'être humain et son fonctionnement. L'homme le seigneur des animaux, étant l'animal le plus intelligent pour sa conscience de lui-même et de son existence, reste de loin le plus dangereux car il peut être n'importe quelle autre bête quand il le souhaite. Comment en étaient-ils arrivés à ce stade ? Quel délire les tenait ? L'apparence pourtant lisse et dorée des débuts qu'ils affichaient, annonçait d'autres couleurs. C'était surtout pour mieux se faire avoir. C'est bien connu ! La technique des grands arnaqueurs, c'est de bien présenter pour mieux appâter. Ils m'intriguaient de la pire des façons et j'avais à la fois leur dégoût et l'envie de les disséquer pour les étudier.

Arfou l'enchanteur

Un soir, comme tous ces autres où ma solitude me guidait, j'ai voulu tester ce nouveau coin repas dont m'avaient parlé quelques amis. Un restaurant chaleureux, calme et discret. J'y ai fait une bienheureuse rencontre ; dans ce restaurant familial tenu par Louis Viet. Le chef des lieux, un jeune français expatrié, installé en ville depuis maintenant trois ans. Ce restaurateur était à la base un informaticien qui, passionné par la cuisine, en a fait son second métier. Il s'est installé dans ce coin de la capitale tranquille puis lui est venue l'idée originale d'ouvrir un restaurant à la maison.

Assis seul autour d'une table basse pour deux, qui sirotait tranquillement son rosé, je le remarquai sans effort d'autant plus qu'il n'y avait ce soir-là et à l'heure où je m'y présentai, que nous deux dans l'établissement ; sans compter le propriétaire. Un grand monsieur élancé, à la carrure fine mais imposante et tout aussi inoffensif par son calme apparent, souriant, très jovial et rempli de vie. Une silhouette à l'allure des hommes de la Téranga, je lui fis la remarque en le saluant d'un hochement de tête - après avoir pris des mains de Louis, le verre qu'il m'offrait - qu'il s'empressa de saluer en retour d'un levé de verre en trinquant à la mienne et d'un large sourire en guise de réponse. Il m'invita alors à me joindre à lui pour le restant de la soirée si je n'attendais personne. Etant venu seul et n'attendant personne, c'est ce que je fis volontiers sans me le faire redemander. Je le rejoignis ; chargé de mon verre rempli d'un arrangé de gingembre au rhum d'une main et de mon calepin et d'une pochette dans laquelle était rangé mon téléphone portable de l'autre. Je m'approchai d'un pas décidé et de plus près, j'y découvris une silhouette aux longues jambes cachées par un pantalon gris cendre assortie à sa veste qui formait un ensemble communément appelé jeune cadre. Des épaules larges et carrées qui incarnait un corps entretenu ; un rasage de près me laissant percevoir un homme d'âge égal au mien, plutôt séduisant et séducteur qui se prenait en mains. Un homme bien bâti au physique plaisant et à la peau d'un noir brillant. Des yeux globuleux, malins et rieurs sur un visage allongé au menton saillant. Un type charismatique sans trop en imposer. Un sacré personnage.

Je suis toujours aussi impressionné par cet accueil chaleureux et ouvert presque comme une évidence de la part de ces braves gens partout où je m'annonçais, c'est d'un naturel réconfortant sans forcer et sans gêner, ça coule de source. J'ai fréquenté pas mal de lieux différents de cette ville et même en dehors et à chaque fois j'y ai reçu le même accueil. Il n'y avait pas de doute là-dessus, l'hospitalité ici, était une vertu indéniable et un sport national. Heureusement ! Tout le monde s'y sent chez soi. Je me suis mis en face de cette charmante personne pour répondre à son aimable invitation et exprimer mon honneur face à tant d'amabilité. Nous avons sympathisé dès le premier regard et avons longuement échangé après les présentations d'usage. Un majestueux bougre, droit et fier. Le blanc de ses yeux globuleux légèrement teinté d'un rouge menaçant et pourtant ne cachant pas la belle personnalité de ce Sonraï nommé Arfou Maïga qui me charmait tant. Sans doute un peu entamé par l'eau de vie qu'il avalait. Depuis lors, il est devenu mon compagnon de vadrouille et de discussions épicées pour refaire le monde. Un homme for sympathique, cultivé, ouvert et très intéressant du point de vue humain.

Arfou est un homme ouvert sur le monde, très attentif dans les échanges, vif, pertinent et fin observateur ; rien n'échappe à son œil avisé. Très conscient du monde extérieur pour avoir vécu dans un brassage multiculturel en dehors de son territoire, il ne perd pas un mot de nos discussions. Il vit à Goudel, un des plus anciens quartiers de Niamey où il a vu le jour et y a passé toute son enfance. Il a ensuite passé une quinzaine d'années de sa vie en Italie après ses vingt et cinq ans et avait pas mal d'anecdotes à ce sujet. Nous avons longuement échangé sur nos parcours de vie respectifs puis nous avons par moment épicé nos échanges de croustillants détails sur nos conquêtes féminines pour les hommes goulus de bonnes chères que nous étions. C'est fou ce que j'avais une aisance sans limite à échanger avec ce curieux personnage ! J'avais quelque fois l'impression d'être en face d'un miroir. Je me voyais presque en lui et me sentais confiant et naturel. Cette relation était si innocente et si engagée qu'elle me faisait revivre les amitiés de ma tendre enfance ; celles dénuées d'intérêts quelconques et riche d'inconscience et d'innocence. On s'appréciait l'un l'autre pour les bougres d'andouilles que l'on était ! Ni plus ni moins. Les vagues de cette sincère amitié naissante, me portaient loin vers d'autres rivages, je me laissais aller à mes états pour la bonne raison que c'était délicieux comme expérience. Je dois reconnaître que sur ce plan, nous nous ressemblions beaucoup Arfou et moi. Un personnage pour le moins coquin et espiègle, au charme convaincant, de la présence, du charisme, très joueur avec un rire contagieux qui entraînerait toute une foule. C'est aussi un homme de conviction dans ses idées et son idéologie, d'ailleurs j'aime à presque tout point de vue comment il perçoit le monde ; j'en partage avec joie un bout avec lui. C'est aussi un fonctionnaire de l'Etat qui sait se défendre et se bien faire entendre. Il en a des cordes à son arc !

- Vous choisissez bien vos mots, cher ami ! Laissez-moi vous retourner le compliment, vous êtes tout aussi charmant !

- Les mots dites-vous ? C'est cela même l'essence de mon travail.

Je m'esclaffais sans me moquer de sa mimique puis continuais. En effet Arfou est un comique né aux airs de sainte n'y touche quand il daigne afficher son sérieux ! Il aime accompagner ses dires de grands gestes explicites pour les étoffer !

- Nous n'avons que les mots pour nous défendre ! - Dis-je sans laisser s'effacer le sourire qu'il m'avait arraché sans effort. - Dans cet amas de guerres sanglantes et de contraintes morales poussées au paroxysme, la psychose du terrorisme et la dictature des grands égos. Il faut trouver un juste milieu.

Il fit mine de réfléchir en fixant son verre à moitié plein qu'il tournoyait lentement dans le sens contraire des aiguilles d'une montre comme pour diluer l'eau des glaçons fondus à son breuvage ; les oreilles pourtant dressées en alerte et fini par me répondre :

- Nous ne sommes pas en crise malgré tout ce que les faits laissent croire et pourtant, il est de plus en plus rare de trouver des touristes comme vous par ici. Il faut dire qu'ils se sentent menacés. Après tout, c'est souvent eux qui sont visés, enlevés pour des rançons de rancune qui finissent parfois dans des bains de sang ; quel calvaire. Ils en payent un lourd tribut tout de même. Le pays regorge de magnifiques sites à découvrir, de belles expositions artistiques et des foires culinaires pour faire connaître et savourer notre cher terroir. Hélas le climat politique, sociétal lugubre ne laisse rien présager d'optimiste pour l'avenir du tourisme ou même pour l'avenir tout court. Les citoyens en souffrent également, personne n'est tiré d'affaire. Bref ! A chaque république ses propres problèmes n'est-ce pas ? C'est bien connu, les règles restent les mêmes. Alors que faites-vous des mots exactement ?

- Cela va sans dire mon cher ! Je rectifiais poliment sa remarque. Je ne suis pas un touriste, je me suis pris d'affection pour ce bout du monde et j'y ai élu domicile figurez-vous ! J'ai connu par mes compères qui m'ont précédé ici, une autre facette de ces attractives destinations jadis prisées ; rien que le massif de l'Aïr qu'aujourd'hui on peut seulement contempler sur des images archivées ou celles de nos souvenirs jalousement gardés au fond du tiroir. Mon rôle, si je puis appeler ma fonction ainsi et sans prétention de rien, c'est de guérir les blessures des autres avec les mots ou simplement les accompagner dans leur recherche de réponses pour accéder à une meilleure qualité de vie, l'acquisition d'un bien-être ou d'un mieux-être. Les mots qu'il faut où et quand il le faut. Ce n'est ni plus ni moins, vous vous doutez bien du grand pouvoir des mots et de leur impact réel sur la vie. Ce qui est bien triste dans un contexte bien opposé, c'est qu'ils sont aussi une lame à double tranchants ! Ils peuvent aussi détruire, réduire à néant ! C'est pour cette raison qu'il faut bien savoir les choisir tout en les accompagnants de sincérité, d'empathie et de compassion. Ce que je fais est un métier en mon sens, plutôt captivant ; alors ça ne gagne pas des tonnes mais ça nourrit son hôte. C'est une science assez complexe à décrire à partir du moment où chaque pratiquant est unique dans sa pratique avec ses propres armes de guerre ! Allons ne vous offusquez pas ! Je parle juste des mots ! Dans ce contexte, les mots restent les meilleures armes qui soient. Entendez par là, les techniques d'approche et d'application thérapeutique. Vous avez raison ! Je devrais plutôt parler d'armes de paix ; d'amour ! L'objectif étant le même pour tous, sauver le monde du gouffre dépressif dans lequel il s'enlise mais pas que ! Le sujet est vaste et les techniques diverses et variées mais la cause elle, est la même. Remplacer un mensonge par un autre (ou une vérité par une autre, tout dépend l'angle de vision), plus cohérent avec l'existence que l'on mène. Après, elle plaît ou elle ne plaît pas ; elle aide à la reconstruction et à un début de guérison ou pas ! Cela dit, les protocoles restent les mêmes pour tous car son apprentissage découle de la connaissance, de l'expérience et de la compétence humaine, il n'y a, en cela, rien de divin ou de surhumain. Nous n'avons pas idée de tout ce dont nous sommes vraiment capables jusqu'à ce que la peur, la contrainte ou le génie nous le fasse découvrir. Je crois même qu'il existe des compartiments de notre cérébral que nous avons à peine commencé à explorer et que la contrainte bien souvent, nous soumet à nous y hasarder. Pardonnez-moi d'être si passionné, vous devez vous dire qu'avec tout ce débit à flots sans arrêt de pensées, que je vous dégueule sans doute du charabia ? Mais que voulez-vous ? J'adore ce que je fais et ça me rend heureux de le partager !

- Vous m'épatez ! Un tel passionné je n'en avais pas vu depuis des lustres !

- Tu m'étonnes ! Je serais honoré et ravi de découvrir toute cette beauté dont tu n'as pas tari d'éloges. J'aime l'authenticité qu'offre le paysage par ici. Ces dunes ondulées, caressées par les vents forts du désert ; que du bonheur ! Au fait, par endroit, on a presque la nette impression que le temps est resté figé depuis une certaine époque ! C'est le naturel qui l'emporte.

- Sauf le risque encouru à s'aventurer sur certains sites de se faire décapiter ou mitraillé, je me porterais volontaire pour vous faire faire le tour du propriétaire… Mais le risque est grand ! N'est-ce pas ? Je suis peiné de voir tant de frères se faire massacrer sans même en savoir les raisons. Et puis de raisons, il n'y en a pas ! Rien ne saurait justifier de telles barbaries ! Aucune porte de sortie avec de telles violences, rien n'est jamais résolu et on s'enfonce royalement dans un éternel recommencement.

- Je vous le concède ! Il y a des actions qui s'éteignent sur le champ malgré tout le bien qu'on en pense, au même moment où elles ont lieu. Elles s'effacent et laissent place à l'inconnu, l'incertain tandis que d'autres traversent le temps, s'étendent sur des siècles et impactent des êtres, des personnes marquées à jamais, des visages sous les feux de la rampe sur plusieurs générations. Ces malheureux subissent le sort de leurs ancêtres ou la déformation subit des transmissions. Cela n'a rien d'opportun, nul besoin d'armes ou de grands mouvements pour faire mal ou détruire (même si l'actualité nous fait trembler). De simples mots négatifs, durs et cruels à répétition face à une sensibilité exacerbée, ou des actions posées à la sourdine mais d'une terrifiante et massacrante portée ; sont celles que l'on ne voit pas venir dans l'identification de la personnalité. Elles rongent à petit feu et consument en silence leur proie après mille et une questions posées restées vaines et sans réponse. (En effet les violences n'ont jamais rien résolu et restent souvent en mémoire en arrière-plan). Puis d'une traite, elle se retrouve un beau jour à terre sans rien comprendre. Oui, sans pouvoir mettre des mots sur ses maux. Et à partir de là… commence la véritable descente aux enfers, un compte à rebours infernal et interminable. On est alors prisonnier de sa propre personne, de son histoire et de sa vie. Le délire prend forme, il était inévitable depuis le début et le silence et les non-dits en sont les grandes causes pour beaucoup. Beaucoup d'incompréhension et d'incompris. Je crois que des haines datant de siècles sont la cause de ce problème de nos compères, mon cher. Les mondes ont souffert le martyr sous des coups de canon, des coups de fouets, des mutilations, des viols, des décapitations et des travaux forcés (mais ceci est un sujet long n'est-ce pas) ? Les guerres sanglantes, les déportations, les massacres en masse dans des camps de concentration… des traques, des tueries amusantes pour ce qui chassent et humilient… Eh bien le retour de l'ascenseur prend du temps aussi mais il s'en vient. La société et son mode de fonctionnement ! Pour beaucoup c'est une porte sûre vers les entrailles de l'enfer. A d'autres points de vue, les soucis de la vie de tous les jours au niveau personnel font aussi pas mal de dégâts. Le cœur lourd et la conscience étourdie qui débordent, puis un jour s'abat la goutte d'eau qui fait craquer et l'hôte atteint alors le paroxysme, ce point de non-retour. C'est une fine frontière à traverser entre ce qui est réel et ce qui semble l'être. La vraie question serait qu'est-ce qui est vraiment réel ? Suis-je réel ? Et vous alors ?

- Le débat est ouvert mon cher ! Vous suscitez mon envie de rester ici jusqu'au petit matin pour en découdre !

Avec mon amie

Je retrouvai Wallet au café de notre première rencontre devenu depuis lors notre quartier général. On aimait bien y déjeuner et y passer du temps ensemble. Attablés, on sirotait nos cocktails en discutant tout en attendant d'être servis. Les odeurs gourmandes des mets élaborés en cuisine, venaient chatouiller nos narines pendant que nous papotions à huis clos. Wallet ne s'arrêtait plus, elle était encore plus inspirée après quelques gorgées de vin blanc.

- Un soir, j'ai invité ma sœur sur la terrasse d'un hôtel pour manger ces succulentes brochettes de viande rouge juteuses et épicées ; que j'imagine sans effort longtemps marinées dans un bain de jus fait d'épices savamment mélangées pour leur donner ce goût exquis. Tout en profitant de ce beau spectacle qu'offre cette perspective. Ce couché de soleil aux couleurs dorées, rosâtres et violacées dégageant le halo des vibrations visibles à l'œil nu de l'évaporation flagrantes des eaux face à la chaleur de cet astre. Il se reflétait gracieusement sur le fleuve tel un miroir ambré et ondulé, avant de disparaitre sur ces eaux troubles face à son reflet qui l'absorbe indéfiniment vers sa tanière, sans avertir. On a véritablement l'impression que cet astre qui, chaque jour au crépuscule, épouse lentement l'eau, s'y déposant d'abord puis s'y infiltrant ensuite, s'y cache véritablement. Quel magnifique ballet ! C'est un instant savoureux à tout point d'égard qui se renouvelle chaque jour et me laisse toujours aussi émerveillée que la première fois. Je ne me lasserai jamais de ce spectacle hors du commun qu'offre la nature si bienveillante, ces couleurs roses bleuâtres, violacées et dorées que j'aimerais parfois tenir dans les mains pour les garder figées.

Elle s'interrompit pour avaler rapidement sa dernière gorgée puis continua.

- Nous avons terminé notre agréable repas que nous avons tendance à prolonger tout en papotant pour ne rien louper des potins mais aussi des environs et de l'instant magique ; avant de regagner la maison. Cet alors, avant même que nous puissions repousser nos chaises respectives pour nous sortir de table, que quelqu'un fit irruption dans notre zone de sécurité pour se joindre à nous en se mêlant à nos discussions ornées d'éclats de rires exacerbés. Nous avons accepté son intrusion pour écouter ce qu'il avait à dire. Il se présenta sans tarder. C'était d'après ses dires, un homme d'affaire italien âgé de plus de cinq décennies qui attendait l'arrivée de son fils de trente ans pour finaliser la raison de sa présence dans le pays avant de regagner l'Italie. Cet homme était accompagné d'un autre gars du pays. Nous avons écouté leur récit sans broncher. Après une entrée en matière plutôt forcée, il nous demanda ce que nous faisions dans la vie. Nous avons échangé des points de vue sur nos vies respectives et le monde du travail qui nous incombait sans entrer dans le détail. La suite de cette curieuse rencontre est d'autant plus glaçante car cet inconnu tombé de nulle part qui nous posait tant de questions dignes d'un détective privé, nous proposa ensuite sans aucune gêne et surtout sans aucune vérification préalable de nos éventuelles compétences dans nos domaines ; de le suivre dans son pays pour travailler pour lui. Il serait chef d'entreprise et homme d'affaire de renom qui gèrerait une grande affaire familiale en Italie. Peut-être qu'il disait la vérité ? J'étais assaillie par de terribles doutes et me sentais très mal à l'aise aux côtés de ce personnage qui semblait sûr de lui. S'il disait la vérité, qu'en était-il de nous ? Et si nous avions menti en répondant à toutes ses questions ? Et puis franchement ces techniques de recrutement sur la terrasse d'un hôtel par un grand manitou pour des inconnues amenées à quitter le pays pour travailler, me laissaient quelque peu dubitative. Cette affaire ne sentait pas bon. A peine rencontrées, nous serions donc les deux employées manquant à son florissant business familial ? Mon cerveau me criait alerte, toute les alarmes s'étaient déclenchées et chaque molécule de mon corps me faisait ressentir le danger qui me guettait. Cet homme n'était pas clair, il pouvait être n'importe quel criminel ; il fallait prendre nos jambes à nos cous pour nous sortir de là au plus vite. J'ai vite fait le tableau dans ma tête, c'est un maquereau en recrutement de futures prostituées à son compte et j'étais persuadée qu'il avait fait la même proposition à toutes les jeunes filles de notre profil qu'il a pu rencontrer sur cette même terrasse ou ailleurs et qui seraient avides d'aventures à tout prix. Je n'ose pas me représenter son tableau de chasse ! Il était question de nous soutirer non seulement de l'argent mais aussi nos passeports pour soi-disant nous faire les papiers pour intégrer son entreprise et aussi aller dans son pays afin de pouvoir y travailler. La combine semblait parfaite, seulement, j'ai vu des personnes se faire kidnapper avec leur collaboration et qui se sont par la suite retrouvées en soumission, sans papiers et impuissantes. C'était trop beau ! Tout avait l'air simple ! Il nous a fait miroiter le rêve sur cette terrasse comme si sa vie en dépendait ! C'était trop beau pour être vrai ; je n'avais rien demandé. A mon avis, nous connaissions la fin de cette aventure, nous allions peut-être finir esclaves d'un bourreau qui ferait de nous ce que bon lui semblerait et de surcroît sans rien pour nous identifier, justifier nos présences ou même échafauder notre évasion. Dans le pire des cas, nous serions droguées et exposées à la rue comme des morceaux de viande en sous-vêtements et bottines à faire les call-girls au nom de ce vilain monsieur. Ce sont des trafiquants sexuels internationaux et ils opèrent impunément avec la complicité de nos confrères par-dessus tout. Son acolyte, savait-il vraiment dans quoi il trempait ? Savait-il où il mettait les pieds en trafiquant avec ce monsieur ? Non, ce n'est pas de la paranoïa ! Je me vois mal en tant que business man émérite ; quitter mon pays et séjourner dans un hôtel quatre étoiles à l'étranger pour affaire d'abord puis ensuite pour recruter des inconnus durant mon séjour que j'engage sur le champ sans rien savoir d'eux auparavant. Ils ont la bonne couverture ! Bien accompagnés d'un citoyen du pays, les choses passeraient mieux et sans éveiller les soupçons. C'est pitoyable, écœurant car pour inspirer confiance, ils ont pour couverture des gens du pays en question et quand je pense qu'il y en a qui tombent dans le panneau… Bref ! Moralité, il y a toujours un traître à l'intérieur, le mal est toujours plus proche qu'on ne le pense. J'ai connu la même combine par leurs malheureux prédécesseurs qui m'ont embarquée dans une situation assez pénible très proche de celle-ci. Je m'en suis tirée toute seule, comme une grande mais en y laissant quelques plumes et j'ai bien retenu la leçon.

- Cela m'étonne de te l'entendre dire, j'ai connu bien de choses tout aussi pareilles ! Mais le contexte social ici me trompe toujours, j'en apprends chaque jour un peu plus et je suis toujours surpris de voir le côté obscur des choses. Les apparences ne me laissent rien deviner.

- Détrompe-toi ! Il s'y passe des choses sans nom ! Non loin d'ici dans un pays voisin, un criminel crapuleux a été enfin mis sous les verrous récemment. Son mode opératoire consistait à lancer des offres alléchantes de travail sur le net afin d'appâter de jeunes femmes sur les réseaux sociaux en leur proposant du travail bien rémunéré et en se faisant passer pour un important entrepreneur. Bien sûr derrière le clavier vous aviez un important réseau de délinquance caractérisée regroupant des hommes et des femmes prêts à tout pour de l'oseille. Ce démon qui, en complicité avec des jeunes femmes et hommes de son réseau criminel, entrait en contact avec ses proies potentielles, les embrouillait avec son charabia bien orchestré et finissait par les faire marcher dans sa combine machiavélique. Il connaissait son affaire. Une fois que ses victimes tombaient dans son jeu, le piège se refermait sur elles. Il leur donnait rendez-vous dans de faux bureaux, des résidences ou même des hôtels ; les mettait à l'aise et quand elles se sentaient en confiance et plutôt dégourdies, il passait à l'étape ultime pour ensuite les achever à leur insu en leur proposant des boissons droguées. Il utilisait des pilules appelées bleu-bleu ou la drogue du violeur. Ces jeunes femmes à la recherche du bonheur finissaient dans les paumes à la merci de ce bestial personnage. Il les violait ainsi dans tous les sens du terme par de violentes agressions (pénétrations vaginales, anales, buccales et toute autre humiliation possible) et salissait leurs corps inertes endormis ; maîtrisés par la drogue administrée, autant qu'il le pouvait. Il les humiliait et faisait filmer la scène par ses complices. Quand il a eu fini ses manœuvres sadiques et dévalorisantes, il passait la main aux autres spectateurs de la maudite scène qui attendaient impatiemment leurs tours et qui répétaient la même action toujours sous le feu des projecteurs. Une fois terminés leurs méfaits, ils menaçaient leurs pauvres victimes traumatisées physiquement et psychiquement, affaiblies et désorientées en leur ordonnant de se taire et de faire tout ce qui leur sera demandé puis les relâchaient dans la nature. Que veux-tu qu'il advienne de ces malheureuses ? Moralement atteinte et mises plus bas que terre sans qu'elles n'aient rien pu faire pour y échapper ; certaines se donnent la mort. D'autres, elles finissent dépressives, exclues, harassées mentalement, menacées, harcelées et honteuses de leur situation. Elles gardent le silence malgré elles et font ce qui leur est demandé sans opposer de résistance. Ensuite leurs agresseurs passaient au chantage et leur envoyaient chaque jour un bout du film d'horreur qu'elles ont vécu afin qu'elles se terrent dans le silence et collaborent à leurs exigences. Ils leur extorquaient ainsi de l'argent et des services de toutes sortes auxquels elles étaient contraintes de composer sous peine de se voir publiées sur la toile dans les conditions que tu sais.

Alors tu peux comprendre qu'après toutes ces mises en garde, on puisse prendre peur et assez de recul pour se méfier à raison de tout inconnu douteux qui nous approche. J'ai senti le danger en voyant cet homme et je ne voulais pas en savoir davantage.

Quand ces vautours insatiables se rapprochent pour à nouveau cracher leur venin, je dégaine gentiment mon arme ; je garde mon calme et à distance, les remballe gracieusement, toujours avec autant de finesse, je les expédie en enfer en leur faisant comprendre en sourdine avec des mots courtois et polis que je ne suis plus cette personne crédule, fragile et naïve d'antan dont ils usaient et abusaient, j'ai grandi depuis le temps et j'ai compris beaucoup de choses, j'ai longuement cherché mon chemin, je l'ai trouvé et je vole maintenant de mes propre ailes. Des ailes sans doute cassées, brisées par des mots et des actes de méchants mais c'est un long chemin que de se ramasser à la petite cuillère. Ils comprennent alors et s'éclipsent honteusement sans demander leur reste. Enfin seulement s'il leur reste une once de dignité, car la honte, eh bien ils ne la connaissent pas !

- À trente-ans, tu as encore toute la vie devant toi pour te rattraper. Tu es une belle personne.

- Nom de Dieu ! S'il ne s'agissait que de cela… La misère se niche au centre de ces choses, il en faut peu quelquefois. Nous avons en effet du chemin à parcourir et des choses à découvrir… Après ce bref mariage arrangé et forcé, je suis devenue un électron libre qui va d'aventure en aventure. J'ai mis du temps à voir venir mais certaines circonstances m'ont permis de voir clair en les choses. Etant dans un sale pétrin, sans abris et sans le sou, j'ai appris à mes dépends que j'étais seule et qu'il me fallait la foi, l'amour de soi, le courage et une bonne dose de volonté pour me sortir de là. La belle claque ! La foi en quoi ? Je l'ignorais, mais au plus j'avançais au mieux les choses prenaient forme. Les masques de ces faux amis et fausses familles qui se l'autoproclamaient sont tous tombés à cette époque, je me suis sentie bête mais pas déçue. Bête d'avoir été aussi naïve, idiote et d'avoir placé mon estime et ma confiance en des opportunistes ; des charognes qui n'étaient près de moi que pour leurs intérêts. Mieux valait tard que jamais ! Par là-même, ont pris plus de valeur certaines personnes qui se sont montrées à la hauteur de mon estime. J'ai été dépressive pour avoir connu la différence dans la cellule et pour avoir été la mal-aimée et la sacrifiée de ma tribu ; mais le temps et les belles personnes qui m'ont soutenues m'ont aidé à me relever avec plus de conviction. Cette étape de ma vie m'a profondément changée pour m'avoir enseigné tant de choses en si peu de temps. Tu vas me dire qu'avec une telle prise de conscience, qui ne changerait pas ? C'était un mal pour un bien finalement. J'avais probablement besoin de cela pour ouvrir les yeux sur la véritable nature des choses et des gens. Nous passons du temps avec certaines personnes très proche de notre entourage sans même nous rendre compte qu'elles nous manipulent, nous usent, nous utilisent, nous exploitent, nous humilient, nous dévalorisent, nous rabaissent, nous rejettent, nous haïssent... Puis un beau jour, on ouvre les yeux et on comprend tout ! On comprend les mises en gardes de notre instinct que la raison même ignorait qu'on n'a pas voulu considérer. On se rend compte de leurs serres de rapaces qu'elles avaient profondément plantés dans nos corps pour pouvoir nous maintenir sous leurs griffes tout en nous vidant. Elles se nourrissent de nous, de nos peurs, de nos disgrâces qu'elles ont créées exprès, de nos faiblesses et de notre désespoir parce qu'elles nous connaissent bien. Elles sucent notre sang, mangent notre chair, se nourrissent de notre personne et finissent par nous abandonner quand il n'y a plus rien à en tirer pour s'attaquer à d'autres proies plus charnues, plus intéressantes. Elles sont déterminées, dangereuses, avides, envieuses et prêtes à tout ! Elles marchent sur des cadavres pour parvenir à leur macabre fin ! Quels ignobles personnages. L'homme est un prédateur pour son prochain et le masque humain qu'il porte cache si habilement sa véritable nature et son intention, qu'il faudrait regarder par deux fois et surtout avec son cœur pour vraiment les percevoir. Il est vrai que certains amis font semblant de nous aimer juste pour tirer profit. Mais je n'aime pas ces amis qui se forcent juste pour nous abuser, je préfère encore la solitude et le silence à la place.

Ma nature douce mais changeante, quelque peu lunatique, me rendait certaines fois impulsive et d'autres fois plus réservée. J'étais alors une écorchée vive. Selon mon interlocuteur du moment, les gens ne savaient plus à qui ils avaient vraiment affaire, si c'était la féroce tigresse ou le docile chaton. Les réalités étant, je n'ai pas eu beaucoup de mal à trouver le juste milieu des choses. Il suffisait de s'être fait entendre une fois et la suite suivait. J'ai aussi été longuement harcelée par un ancien camarade qui refusait d'admettre que l'histoire qui n'avait eu lieu que dans sa tête, vu qu'il délirait était finie. Par la manière douce il ne comprenait pas et ne se prêtait pas aux réalités. Allant jusqu'à répandre des rumeurs douteuses sur mon compte. J'étais excédée par ce comportement déviant. Nuit et jour, il me pourchassait à travers la ville. Je le rencontrais presque partout où j'allais mais je l'ignorais et passais mon chemin ; comme s'il n'existait pas. On ne peut vraiment pas savoir ce qu'il se passe dans les têtes des autres, quel dérangé ! Savez-vous ce que j'ai dû faire pour la lui enfoncer bien dans le crâne ? J'ai porté plainte ! Il s'est vu convoqué et mis en garde. Cet avertissement ayant suffi à lui remonter les bretelles, je n'ai plus jamais eu de ses nouvelles. Il a dû se faire une belle frayeur. Il m'a lâché la grappe et s'est même mis à me haïr. Ah les hommes ! Il suffit de peu. Par la suite j'ai appris qu'il confiait à qui voulait l'entendre qu'il ne m'aimait pas et qu'il voulait juste régler une chose, ce que je ne l'ai pas laissé faire. Il refusait surtout d'accepter entendre que je ne l'aimais pas tel qu'il voulait que ce le soit et ce refus qu'il a perçu comme un rejet le rendait malade. Il fabulait et croyait dur comme fer que nous étions liés et qu'il fallait juste que je l'accepte. Ç'en était trop pour moi.

J'écoutai sagement son récit et la réconfortai autant que je pu. Wallet a fait l'objet de plusieurs harcèlements de la part d'hommes quelque peu dérangés, timbrés. A croire qu'elle les attirait. Certaines personnes manquent de finesse et de tact, la goujaterie les anime. La femme ne doit jamais subir ces écarts. Les hommes ne devraient l'effleurer qu'avec des fleurs et avec la plus grande classe. C'est aussi horrible de voir comment certains peuples imposent de tels traitements à leurs semblables, le mariage forcé est un viol collectif, ni plus ni moins. Il est d'autant plus traumatisant que les auteurs de

cette barbarie sont en fait les proches, la famille, ceux qui sont censés protéger les victimes. Au lieu de cela, ils s'allient à d'autres inconnus pour abuser impunément des assujetties. Le traumatisme physique et psychique que causent ces ignominies, laisse une empreinte indélébile sur les victimes qui n'oublient jamais et qui parfois, condamnées à un pire sort, se retrouvent excluent voire rejetées, handicapées et en marge de la société. En dehors de ces horreurs, il y en a parmi ces peuples, qui subissent des mutilations génitales, les sévices et tortures sur leurs parties intimes en l'occurrence les seins et le sexe afin de limiter leur développement et d'empêcher l'épanouissement des torturées. Ces gens-là ont une vision détournée, déformée et malsaine de ces organes du corps chez la femme et y ont associé un regard psychotique malveillant et dégradant. Un combat toujours d'actualité que d'éradiquer ces pratiques.

Nous avons fini notre déjeuner et sommes rentrés chacun de son côté pour digérer nos émotions. Wallet avait besoin d'être seule et j'ai respecté son choix.

Les grands manitous - Les prédateurs

J'avais rendez-vous avec Wallet pour aller à une soirée culturelle. On se retrouvait devant l'hôtel qui allait l'héberger pour entrer ensemble à la réception. Nous étions dans une soirée d'inauguration d'un nouvel établissement. Il y avait pour l'occasion un défilé de mode suivi d'une élection miss. Quelle idée que d'assembler les deux. Il s'y trouvait un grand monde, celui de l'élite notamment. Les discussions fusaient et la musique sonorisait fortement les lieux. Le Disc-Jockey et l'animateur désigné, chauffaient la salle face à une assistance frétillante comme des poissons dans l'eau. Nous étions obligés de crier pour nous faire entendre ou parler dans l'oreille de notre interlocuteur.

- L'intrigue pour moi, c'est de hisser ces bonnes femmes sur des talons hauts perchés pour les aimer et les apprécier ; alors même que pour tout accomplir, nous avons besoin qu'elles descendent au plus bas, nous les voulons sans rien. Je laissais échapper un rire et m'intéressais à un des personnages clés de la soirée. C'est le maître des lieux ?

Wallet se racla la gorge et s'approcha au plus près de mon oreille :

- Vous parlez du président du jury ? C'est un enseignant chercheur reconverti en personnage politique. Le poste de haute voltige ! Ce qu'il enseigne et ce qu'il cherche, je l'ignore ! Nous n'avons pas été assez proches. Cet homme est un véritable rapace à serres aiguisées. Il ne recule devant aucune opportunité et mange à tous les râteliers. Pourvu que cela banque en sous ou en renom ; il sera toujours preneur. Il a été invité pour couvrir ce spectacle par sa présence en titre,

ce sont des choses courantes par ici, un échange de bons procédés, ça fait vendre et chacun y trouve son compte.
Pour avoir pris part à une de leurs prestigieuses tables rondes de beuverie organisées en week-end - j'entends par là des soirées privées et arrosées à souhait rassemblant tous ses semblables pour se saouler et s'égayer la vie - je puis vous assurer que ces chevaliers d'honneurs dans ce moment-là, ne sont plus ces charmants et célèbres intellectuels qui cogitent sur l'avenir des mondes à cet instant précis. Ils se pintent la gueule de whisky précieux et bavent comme des adolescents puceaux sur toute silhouette féminine qui leur passe sous le nez, surtout si c'est une très jeune et belle créature. Les pauvres, ils ont dû avoir de fortes carences dans leur jeune-âge ! Oui ils les préfèrent petites et vierges de surcroît pour "convoler en justes noces" ! Ce sont leurs mots croyez-moi, je n'invente rien. C'est une meute de pervers qui cherche à assouvir leurs pulsions primitives sans aucun contrôle ! Des corrompus et prostitués de haut rang ! Ils cachent bien leur jeu ! Puis le lendemain, après une gueule de bois cassée à bouteilles d'eau fraîche, ils rangent leurs crocs, se débarrassent de leurs natures véritables qu'ils camouflent et enrobent leurs costumes habituels mais trompeurs d'êtres de respectables intellectuels sérieux, sauveur des mondes et jouent de nouveau leurs rôles enchanteurs qui leur accordent tant de mérites. La vraie profession de la majorité n'est pas inscrite sur la plaque d'enseigne collée à leurs bureaux, elle est bien plus enfouie.

- Tu m'en diras tant…

- Que dire de ce ministre promotionnaire de mon père qui, après m'avoir aperçue dans les locaux de son bureau, aurait par la suite subtilisé mon numéro dans le dossier de stage déposé à son adresse. Pour me contacter dans le plus grand secret ! C'est une affaire d'Etat ! Laissez-moi rire. Essayant de me courtiser pour des raisons exclusives que vous et moi savons parfaitement. Il m'envoyait chaque jour des messages puérils et débiles faits de poèmes enfantins en guise de drague. C'était sûrement sa manière de faire la cour à une petite fille naïve comme moi, j'en reste indulgente car il y en a qui doivent apprécier. Pour cette espèce bien définie, la manière de procéder en général est toute tracée, c'est tellement prévisible. Il commence par me demander de passer au bureau avec mon dossier en me servant son beau baratin comme quoi il serait de son devoir de sauver la jeunesse et de surcroît l'enfant d'une belle et ancienne connaissance humaine… Au début, il joue la carte de la corde sensible pour obtenir une totale confiance. Le beau piège bien servi pour mieux appâter. Puis quand c'est fait, on passe à l'étape supérieure où il m'invite, toujours dans le vaste bureau de fonction qui est d'ailleurs surfait pour ce à quoi il était vraiment destiné. Aménagé avec de géants canapés, un énorme écran plat et un petit coin bureau. Je passe bien sûr voir mon futur employeur dans l'espoir d'être affectée aux fonctions que je mérite. A ma grande surprise, je tombe des nues ! Je me rends compte que je ne suis qu'une énième victime de ces sordides pièges dont j'ai souvent entendu parler ! Figure-toi que le dieu m'a fait venir pour sa jouissance personnelle ! Il se branlerait presque sur ma gueule par sa suffisance et son arrogance ! En effet, il était confortablement installé dans ce siège royal qui lui servait de fauteuil et tenait dans sa main une tablette dont je ne voyais alors que le dos. Il visionnait, devines quoi ? Il me demanda si je voulais regarder aussi ? Je n'ai pas eu de temps de réponse (vraisemblablement, il n'en avait que faire). Il me mit l'écran sous les yeux. Un film X mettant en scène une femme et plusieurs hommes ! Je vous épargne les détails… Qu'il le fasse seul ou en compagnie de qui il souhaitait à ses heures libres, en toute discrétion et de façon consentante ne m'aurait pas interrogé ! Mais là, le bouchon était poussé trop loin ! Qu'a-t-il donc cru ? Il s'est fait bien de films dans sa petite tête le monsieur. D'abord parce que la raison de ma présence se soustrayait à tout doute sur ce sujet mais ensuite parce qu'il me marchait dessus ; ne considérait pas mon point de vue. Quelle perversion ! C'est donc à ces fins qu'étaient destinées les entrevues ? Une manière pour lui de faire comprendre que je devrais sortir de mon rêve éveillé, connaître "la vraie vie" selon lui ; car si je voulais avoir un travail avec lui, c'était comme ça que ça se passait ! Ce sont ses règles ! Celles de l'agression, du harcèlement, de l'abus sexuel et de l'exploitation humaine parce qu'il en avait le pouvoir ! Du moins c'est ce qu'il croyait. Celles du détournement et de la prostitution du plus fort sur le plus faible ! Ils sont tous dans un système putassier où tout le monde se dévergonde avec la complicité des autres et c'est à qui fait mieux la pute ! En gros ce que je devais retenir de ce semblant d'entretien c'est que je devais d'abord passer à la casserole ensuite on étudierait mon cas. Eventuellement. Voilà comment se déroulent les choses par ici. J'en étais tellement découragée et écœurée que je me suis retirée sans me battre ! Face à cet ingrat qui faisait mine d'être quelqu'un d'autre en me miroitant du rêve pour m'attirer dans ses filets. Je me suis sentie trahie et insultée mais je suis repartie digne même si je ne lui ai pas craché sur la figure tout le bien que j'en pensais. Du travail fictif et à ce prix-là ? Je passais mon tour sans regret ! Ce combat était d'une bassesse sans nom pour moi. Il y en aura toujours pour qui sait bien chercher. Ce qui est pitoyable c'est que beaucoup jouent le jeu et y passe ! Cela ravi ces charognards, les conforte dans leur position de tous puissants et leur confère une confiance en eux insolente ! Celle de pouvoir tout faire impunément. Cela leur monte à la tête, ils ont pour cela un passe-droit de se croire tout permis et quand tu ne joues pas le jeu, eh bien tu connais la porte de sortie jusqu'à ce que tu changes d'avis. C'est alors le banc de touche puisqu'il n'y aura aucun autre compromis sachant que chacun gardera sa position. Il aurait au moins pu la jouer carte sur table en m'annonçant les couleurs d'entrée de jeu au lieu de faire semblant de vraiment s'intéresser à mon cas. Usant à l'hypocrisie de termes comme famille ou filleule. Il y a sans doute des hommes dignes et qui savent se tenir ; mais ces mauvaises graines éparpillées partout, polluent la planète et déshonorent la bonne semence. C'est un abus de pouvoir, j'en reste interloquée ! Alors pour ces bougres c'est cela le bonheur. Un bout de pouvoir pour pouvoir abuser impunément des autres. Oh que cela serve bien leurs bassesses ! Ils n'existent que dans ces moments-là. Il devrait y avoir des sections spéciales de poursuite contre ce genre d'individu. Les premiers pris sur les faits serviraient d'exemple pour leur espèce. Leur bonheur, ils le puisent dans la souffrance et l'humiliation qu'ils peuvent infliger à tout celui qui les approche pour leur demander d'actionner leurs manivelles. Pourtant rien n'est personnel. Ils jubilent, se masturbent sur la gueule du monde et sont fiers d'être aux commandes d'un misérable pouvoir certes, mais un pouvoir qui leur permet de malmener et de briser pas mal d'avenirs pourtant méritants. Ils en usent et en abusent. Ils veulent être vénérés et suppliés ! On doit lécher et leurs bottes et leurs culs. Pourtant ils sont tout aussi misérables que leur folie des grandeurs, ils sont de simples humains à l'égo surdimensionné, remplis d'orgueil et de vanité, gonflés à bloc par le pouvoir. Ils se sentent éternels et tentent d'écraser tout celui qui se trouve en face. Rien n'est fait pour empêcher ces abus, ils sont encouragés voire tolérés. Parfois au plus bas de l'échelle tu rencontres ce genre de situations ambiguës, pire ; des fonctionnaires de bas étage sans aucune cervelle, complètement robotisés veulent eux aussi imposer leurs lois à la place de juste exécuter leurs tâches. La Terre qui offre, le fait naturellement. Nous en tant qu'humains receveurs, on ne peut s'approprier les choses de cette manière et rester impunis. Nous sommes tous humains, sujets à l'expérience de la vie. Dès l'instant, j'ai compris pourquoi ces lieux étaient réputés de faire office de podium de défilé de mode. Ce n'était pas par pure moquerie. C'était concret et certaines y trouvaient certainement leur compte. On y voit à longueur de journée toute sorte de mannequin du plus gros au plus fin mais aussi de toute taille y entrer et en sortir. Bien sûr chacun pour une raison bien définie mais pour sûr, il existe un bouquet destiné aux sales besognes telles que je te l'ai décrit. J'ai vu de l'expérience dans ses faits et geste, il n'en était sûrement pas à son coup d'essai. Mais que veux-tu faire ? On ne peut pas changer le monde ! Il tourne ainsi depuis toujours et on n'y peut absolument rien. La violence, Le sexe, l'argent et le pouvoir, n'est-ce pas ? Allons ! Tu en connais sûrement des tonnes sur le sujet. Eh bien par ici on n'en déroge pas, avec tout ce qu'il se trame, nous y prenons activement part et avons largement notre part de contribution. Toutes ces minettes qui viennent les voir pour solliciter leur précieuse aide et dont sans réserve et sans amande de conscience, ils profanent les corps en cachette et qu'ils exploitent à des fin abusives, sexuelles et immorales avant de les récompenser en numéraire ou en quelques malheureuses promesses dérisoires, deviennent à la fin leurs risées. Ils les surnomment les matous, un attribut faisant allusion aux félins, notamment les chattes, quelle honte ! Ils les utilisent indéfiniment en les tenant au bout de la laisse de fausses promesses et de grands projets avenirs auxquels elles seraient probablement associées. Même par des faits à la lumière desquels ces promesses ne seront jamais tenues, elles restent là ! Elles aiment cela, la mythomanie, le grand brassage de cervelle ! Elles y croient et jouent le jeu. Tel de vulgaires jouets sexuels, elles sont sollicitées à la guise de leurs seigneurs, quand et où ils le souhaitent. Une fois le crime opéré, ils brandissent alors leurs méfaits (et il leur tarde de le faire !) en travestissant la vérité pour s'attribuer des mérites et performances hors pair afin de mieux jouir de leur insolente diffamation. Si certaines de ces dames sont des professionnelles du plus vieux métier du monde, il n'en est pas autant pour toutes les autres qui, elles, se cherchent par tous les moyens. Ils les exhibent comme des trophées ; ajoutés à leur collection de faits immoraux ; sous le nez de leurs semblables pratiquants. C'est à « qui dit mieux ?». C'est un jeu pour eux, ni plus ni moins ! Un jeu de pouvoir, celui du dominant et des dominées ! Tous des misogynes ! Aucun respect. Autour de ces tables rondes qui rassemblent ces miteux personnages aux idées malsaines, perverses, moqueuses et vagabondes, ils se vantent de leurs actions dégradantes qui pour eux et dans leur délire infini, semblent les valoriser devant leurs congénères. Ils donnent tous les détails croustillants de leurs débauches faites en intimité. Ils vont sûrement jusqu'à en inventer pour épater la galerie. Ces gens-là n'ont aucun amour-propre et aucune valeur de vie. Tout est question du manche entre leurs jambes et ils ramènent toujours tout à cela. Mais nous savons tous que celui dont la vie tourne uniquement autour de cela est soit malade ou pervers, soit blessé dans l'égo ! Il souffre d'un complexe chronique lié à son sexe insignifiant et sa sexualité fade, insipide. Il a donc tout à prouver. Ils humilient, chosifient et dévalorisent ces pauvres victimes qui s'ignorent ; à leur insu. Victimes qui, elles, ne le perçoivent pas ainsi. Elles ne s'en plaignent point ! Il n'y a que nous qui les plaignons. Bien au contraire, elles se sentent uniques, exclusives et même chanceuses de partager ce qui à leurs yeux semble être un cercle fermé de personnalités importantes et bien placées. Pourtant il ne s'agit là que de simples pervers narcissiques qui abusent de leur pouvoir d'autorité que la vie a eu le malheur de leur accorder. Pour ces hommes, être au-dessus des femmes est une question d'ego et de misogynie, il en va de leur virilité. Ils ne jouissent qu'à travers ce sentiment de domination et de supériorité dont eux seuls se font l'idée absurde.

La folie des grandeurs se fera toujours sentir et battra des innocents, mais il y a de l'espoir à croire que l'autre côté de la balance penche vers le bas et l'emporte. Même si cela ne reste qu'un espoir. Je comprenais de mieux en mieux ce qui se tissait au plus haut des sommets et me maudissait presque d'être un homme si telle était vraiment la nature qui le caractérisait. Cette affaire du « me too » est un mouvement mondial ! Wallet m'a assuré ne pas voir tant de vices en tous les hommes et m'a consolé en me disant qu'il y en avait forcément dans le tas qui sortaient du lot. Mais bien sûr qu'il y'en a !

Nous avons passé une agréable soirée en refaisant le monde sous l'émerveillement de belles créations vestimentaires proposées par les artistes prenant part à la partie.

Merveilles et découvertes

Le lendemain Wallet m'invita à déjeuner dans son restaurant préféré, l'Emerdiamor. Un endroit familial, chaleureux et convivial dont elle n'a pas cessé de vanter les mérites ; De succulents et divers plats y sont proposés à manger sur place ou à emporter. Avec elle, le repas était toujours un moment de convivialité, de joie, d'échanges enrichissants, de retrouvailles. Un moment où tous se réunissaient pour le partage. Déguster et savourer les mets amoureusement concoctés.

Cet établissement était tenu par une charmante dame imposante, agréable, douce et for accueillante. Je suis sûr que ce sont les meilleurs ingrédients de sa recette pour avoir un tel débit en plus de sa main verte ; car les plats copieux et savoureux qu'elle servait, poussait en grande partie, dans son jardin. Nous avons longuement discuté tout en nous gavant de ces mets et entremets. Wallet m'a longuement parlé de la cure salée, un évènement important auquel elle assistait tous les ans à la même période et qui se déroulait sur trois jours à Ingal, une ville de l'Aïr, proche d'Agadez. Aussi de l'artisanat et des créations artistiques qu'elle réalisait avec l'aide de ses collaborateurs artisans bijoutiers et maroquiniers. Un pur délice que de l'écouter parler de ses diverses activités et de son métier passionnant. Elle en parle avec une telle fougue et autant de détails que rien ne m'échappe sur le sujet. Je m'y retrouve sans difficulté grâce à ses talents d'oratrice chevronnée, sa facilité à transmettre ses connaissances et à échanger. Un sacré bout de femme !

Sa compagnie m'enchantait et me cultivait. A travers elle, je pouvais apprendre très facilement un tas de choses intéressantes sur la culture de son pays et de ses compatriotes. Elle présente si bien les choses que je pouvais souvent me passer des livres pour me renseigner. C'est une culture vivante. Après tout, quoi de mieux qu'un vrai échange d'homme à homme pour bien s'imprégner ? Euh ! D'homme à femme en l'occurrence !

On refait le Monde – L'enfer, c'est l'intention des Hommes

Je retrouvai mon copain chez Louis pour un dîner entre amis et pour nous revoir après s'être perdus de vue pendant des semaines. Wallet occupait à mon grand bonheur, et mon cœur et la majeure partie de mon temps libre ; je ne pouvais m'en plaindre. Arfou ne manqua pas de m'en faire l'agréable remarque.

- Ah sacré mordu ! On voit sur ton visage que le bonheur t'enlace ! Ton pouls y bat ! L'amour fait des merveilles hein l'ami ? Tu respires vraiment la joie de vivre !

- Ah mon cher ! Je suis éperdument épris, je te l'accorde. Heureux de savoir que ce vieux palpitant sait encore battre autant.

On s'est commandé une bouteille de vin pour nous attaquer à nos discours dits utopiques de renaissance du monde ; mais gargarisant par leur nature stimulante et essayer de rattraper le temps perdu. Avec Arfou, tout était possible, c'était notre monde, notre bulle, faite de nos idéaux. Nous étions d'accord de notre douce folie. On pouvait tout remettre en question, analyser les choses sous différents angles, maquiller de beauté les vilaines choses, décortiquer les non-dits, assimiler les inepties et les renvoyer à l'envoyeur. On riait de nous-même quand il le fallait ; oui l'autodérision étant un trait qui nous caractérisait tous les deux, cela nous arrivait bien souvent. Quand on pense que le monde est parfois à refaire, on ne sait plus par où ni par quoi commencer à la fin. Mais que voulez-vous refaire au fond ? Chacun vit sa douce folie et disparaît un beau jour… sans vraiment se soucier de l'empreinte laissée sur son passage…

- C'est une dépendance ni plus ni moins, savez-vous que le drogué même au prix de sa vie ou celle de son prochain se droguerait ? Point de conscience devant ces tremblements, ces voix et visions illusoires ou paranoïdes, les sueurs froides et le cerveau qui martèle le dépendant pour recevoir sa dose ! C'est tout aussi pareil dans ces cas ; vous le savez bien, on parle d'opium ; celle qui adoucit et endort la pleine conscience. Pour le reste, on soumet des peuples à des croyances dès lors qu'ils naissent. Ces peuples toute leur vie, absorbent ces disciplines aveuglément parfois sans possibilité arbitraire de réfléchir ou de se poser des questions pertinentes. Le cerveau naît dans l'endoctrinement et doit continuer dans ce moule sans réfléchir, la barricade de la matière grise (on le croit libre mais les barreaux de la geôle sont dans les têtes bien montées). Le conditionnement et la manipulation dont il est victime sans le savoir et face auxquels il ne répond plus de rien. Toutes les causes dictatoriales reposent là-dessus et Dieu sait que la dictature coiffe ce monde ! Ceux qui se les posent doivent faire profil bas au risque de réveiller la colère des initiateurs. Tout en regardant dans cette direction voulue ; pour ne pas dire imposée car les restants y trouvent leur identité ; il faut tracer son chemin. Leur salut en dépend dans la conscience collective mais aussi un réconfort avec le sentiment d'être écoutés, un sentiment d'appartenance, un refuge moral certes mais cela leur suffit car c'est ce qu'ils ont toujours connu et appris. En somme c'est leur opium, leur échappatoire. Leur purgatoire dans une certaine mesure ! Pour échapper à une réalité qui semble fatale, on en crée une autre qui l'est moins ou du moins le semble être et ainsi on la supporte plus facilement. Le monde vivait bien avant ces arrangements parvenus, déstructurés par le temps.

- La confession dites-vous ? Et pas seulement d'ailleurs ! J'ai aussi fait la part des choses ; soyons réalistes. Il y va de la mémoire collective. Les choses ont pris des proportions incroyables au point où nous en sommes. Dans certains lieux, il est question de cacher sa croyance, museler sa foi, taire ses idées légitimes, bâillonner ses convictions et fondre dans la masse afin de vivre ou d'éviter une mort atroce. Un sujet sensible à réaction épidermique qui crée des émeutes fanatiques et rigides. Cela devrait être un choix réfléchi, une action voulue, acceptée et d'âge mûr avant toute initiation mais il n'en est rien dans les faits. Ce sont les autres qui décident pour toi. C'est comme les partis politiques sauf que là, c'est à plus grande échelle ! La cause, même noble et significative, reste dictatoriale lorsqu'elle soumet par la force et s'impose comme une évidence. Dans certains cas, la grande majorité des adhérents est pour la plupart du temps, venue trouver un mouvement et a suivi ce mouvement qu'elle défend en gageant de sa vie sans vraiment chercher à comprendre son fonctionnement ; ses racines, ses tentacules. A connaître le début des choses, à dissocier les causes pour lesquelles elle est emmenée à se battre de celles non inclues ; le pourquoi du comment, les bases mêmes sur lesquelles elle est appelée à confier sa vie et son âme à une idole, à un créateur ou à toute autre entité selon les croyances. Après tout, les frères, les parents, les amis, les concitoyens ; tous ceux à qui elle pouvait s'identifier y étaient à son arrivée, alors pourquoi se poser de questions et perdre du temps ? D'ailleurs "pourquoi se poser de questions" tout court ? La sentence est dite ! J'y suis, j'y reste ! L'adhésion est imposée sciemment et inconsciemment. C'est même un mouvement national, un hymne, un slogan. Celui qui chercherait à s'en départir serait la bête noire dans la zone blanche, on le lapiderait, lui jetterait la pierre jusqu'à ce que mort s'en suive. Enfin un peu imagé peut-être ? C'est plus subtil que cela (le rejet et le dédain des suiveurs). Si vous devez passer par la case scolaire, dès le plus jeune âge, vous avez un temps spécialement imparti à cela. Comment voulez-vous échapper à quelque chose que l'on vous tambourine à l'oreille de vos trois ans d'âge à votre majorité ? Mais que dis-je ? De votre naissance à votre fin ! Il se trouve que dans certaines parties du monde, ces programmes datent de plusieurs siècles ou millénaires. Des programmes anciens qui, en leurs époques faisaient sûrement foi ; non revus par les diffuseurs et non décortiqués par les récepteurs. Pas qu'ils soient dénués de sens mais transformées dans le temps et ne concordant plus avec la saison et son évolution.

Vous en perdez le libre arbitre, vous êtes enveloppé et cerné. Cela n'a rien de critique dans la mesure où l'on n'en souffre pas, quand vous apprenez une chose qui ressemble plus à un mouvement collectif qu'autre chose, vous vous sentez fier de faire partie de ce mouvement qui, à vos yeux, reste le seul valable à être défendu. Mais quand on en souffre, mon cher c'est une autre histoire... De cette vie, nous devrions à la base nous en arranger de façon à bien y vivre et à bien en mourir. Toutes ces initiations détournées de leur sens initial qui était celui porteur de paix, d'amour, de solidarité, de méditation et de respect des uns pour les autres ; dites démocratiques et qui ressemblent de plus en plus à des prisons, semblent être là plus pour compliquer cette mission plutôt que pour l'alléger. Ma question serait simplement pourquoi faire nécessairement partie d'un mouvement ? Ne peut-on être neutre, avoir le droit de l'être aussi et vivre quand même en paix avec le reste du monde ? Suivre son propre chemin. En être comblé et heureux ? J'ai connu quelqu'un qui, chaque jour, saluait certains aliments. Il s'agenouillait tous les matins devant sa commode sur laquelle il avait disposé dans une coupelle, des céréales lyophilisées (maïs, blé, riz...) et d'autres objets personnels ; pour dire sa prière. À la fin il bénissait tout cela et se relevait serein. Tu pouvais être sûr après cela, qu'il était certain d'avoir accompli son devoir et pensait ainsi qu'il pouvait passer une bonne journée. D'autres eux, vont saluer la mer, l'eau salée et ses énormes vagues, l'air marin ; les bienfaits qu'elle leur apporte. Pour certains il s'agira d'aller en forêt et d'embrasser ou enlacer longuement un arbre. Certains vont se connecter à la terre, marcher nus, écouter les oiseaux, méditer, saluer le levé ou le coucher du soleil pour être heureux. Il y a autant de dieux que d'êtres sur cette terre. Sachons-le et respectons-le. Cela ne nous enlève rien à notre intégrité et même nous enrichi. Les hommes sont tous des dieux qui, distraits par la vie ; se sont oubliés et ont fini par ignorer leur véritable nature, leur pouvoir, leur vraie puissance. Notre foi ne regarde que nous, chacun, personnellement et individuellement. Aussi longtemps que toutes les valeurs, qui sont propres à chacun se respecteraient et se tolèreraient, le monde vivrait mieux ; car qui détermine qu'une valeur vaut mieux qu'une autre ? D'ailleurs les unes n'empêchent pas les autres. La cohabitation de plusieurs est aussi possible et c'est une richesse. Qu'est-ce qui compte vraiment en fin de compte ? N'est-ce pas que chacun s'y retrouve et soit dans le bonheur dans tout ce qu'il fait ? C'est le sens même de la vie, non ? Le monde tourne ainsi depuis toujours. Nous sommes tous différents et pourtant nous partageons tous cette planète. C'est une valeur à méditer. Chacun de nous existe et en a le mérite, il serait temps de le conscientiser et de l'accepter. Hélas il semble de plus en plus s'avérer que non ! Point de place pour un neutre ! Il faut choisir son camp ! Ou alors, il devra toujours se justifier et s'expliquer sur ce choix qui paraît si difficile à comprendre. Le hic c'est que les meneurs sont là pour vous garder dans ces codes sans demander votre avis parce qu'ils croient qu'ils ont raison ! Ont-ils raison ? Maintenir dans le cercle et perpétuer cet encadrement qui ne laisse pas entrevoir d'autres réalités, d'autres opportunités et même d'autres possibilités ? Le champ de vision est réduit sinon anéanti. Au nom de tout cela, des familles entières sont abruties et détournées. Elles s'adonnent à des pratiques atroces, morbides et criminelles. Beaucoup se suicident collectivement. Certains vont jusqu'à sacrifier leurs progénitures pour s'assurer d'hypothétiques richesses matérielles sous le guide de leurs cruels gourous. D'autres perdent la tête, ne sont plus capables de penser par eux-mêmes et ne jurent que par leurs maîtres initiateurs qui trônent au sommet de ces abysses qui leur miroitent des vies et des fins illusoires. On leur a promis la délivrance, la richesse, la félicité, la puissance, le pouvoir, la vie éternelle et le paradis...et ils s'engouffrent sans se retourner dans ces abîmes.

- Les générations passent mais les stratégies ficelées restent. Si tu tentes de te dégager, il faut avoir les reins solides cher ami. Sinon tu es jugé, catalogué et méprisé ! Eh oui, ils ont gagné le droit de se sentir purs et légitimes face aux autres. Les nommés imposteurs, malfaisants ou mécréants. Qu'auraient-ils mécru ? Comprend donc que tous les autres qui sont bons et font le bien autour d'eux depuis toujours sans le crier sous tous les toits sont aussi lynchés et victimes de ces harcèlements non justifiés par des gens qui se disent porteurs de paix et de tolérance simplement parce qu'ils ne voient pas les choses de la même façon. Ils ont le droit de croire autre chose et d'être aussi légitimes. Incompris et rejeté par tes proches et regardé de travers par les autres ! Eh oui ! Beaucoup en ont fait un gagne-pain juteux et le défendent bec et ongles. Ils ont besoin de ressources et d'une source sûre pour l'assurer. Celui qui se retire, ne doit alors surtout pas entraîner les autres fidèles « clients » ! Ils s'en chargent à coups de gueules baveux et venimeux pour l'éloigner avant qu'il ne cause des dégâts à leurs profits ; profits purement monétaires et alimentaires. La foi elle, ne fait pas toujours le poids avec ces malins qui l'utilisent sans vergogne pour s'enrichir et contrôler les autres. Le poids de la culpabilité alors, à lui seul peut avoir raison de toi si la misère de la solitude ne te tue pas avant. Honte aux vicieux pervers qui se cachent derrière ces religions et qui par hypocrisie indexent des innocents et les font culpabiliser à mort. Ceux qui trouvent jouissif de mal parler de la gent féminine par exemple, la sermonnant sur un ton dogmatique tout en prétendant être eux-mêmes des saints et en les accusant d'exhibitionnisme qu'ils trouveraient soi-disant écœurant et inadapté. Mon œil ! C'est pour eux une manière détournée de garder main mise sur ces chères pour les contrôler au travers de harcèlement moral, d'avoir une raison de le faire et de justifier qu'ils existent mais surtout d'exercer leur malheureux pouvoir nombriliste. Qu'ils sachent que ce sont eux les pervers qui apprennent à ces femmes la honte et la culpabilité et essaient de téléguider leurs corps à leur convenance parce qu'ils sont faibles, pervers, vicieux, à l'esprit mal placé, intolérants et irrespectueux. Chaque femme sait ce qui est bien pour elle et doit choisir seule de l'appliquer. Ces mêmes prétendus chastes et saints sont les mêmes qui se branlent en cachète sur des images pornographiques et pratiquent toutes sortes d'obscénités inimaginables qu'ils prétendent vouloir épargner à la société par ces actions. Aucune femme ne devrait être considérée comme un bout de chair à couvrir sous peine de se voir torturée, agressée, lynchée, violée, tuée. En fin de compte la nature révélée de l'homme ici, c'est sa cruauté et sa domination face à la femme par le sexe forcé, la torture morale et la violence physique, il n'a pas mieux à offrir pour s'affirmer donc la peur et la menace restent la solution. Chacune devrait pouvoir disposer de son corps et de sa personne, s'affirmer et se vêtir à son goût sans être persécutée par de malheureux inhibés, aux esprits sournois et aux pulsions sexuelles malsaines inassouvies. Les marginaux de la vie, carencés en affection, devenus des monstres calculateurs, manipulateurs et recherchant de l'attention à tout prix. Leur avis est égal à leur malheureuse et misérable vision de la vie. Une vision tout ce qu'il y a de plus limitatif.

On le voit d'ailleurs par endroits. Ces fanatiques endoctrinés que des dogmes opposent se sont transformés en meurtriers sanguinaires et comme si tuer ne suffisait pas pour apaiser le vampirisme de ces esprits échauffés, atténuer leur haine viscérale et calmer leur barbarie ; ils s'adonnent à des pratiques cannibales, voilà ! Ils mangent la chair des hommes, des femmes et des enfants qu'ils traquent et chassent comme du gibier. C'est affolant ! Croyez-vous qu'ils meurent de faim et qu'ils s'acharnent autant juste pour calmer leurs entrailles qui gargouillent ? Ne soyons pas si naïfs ! La haine seule les motive. (On y reviendra peut-être un jour ... puisque des hommes se sont dévorés entre eux et ils le feront sans doute encore). C'est la haine et la rage humaine qui fait foi dans ces cas. Leur foi de confession, qu'elle soit religieuse ou pas, n'y est pour rien ! L'homme est un animal éduqué, ceux qui ont appris la bonne tenue et la retenue font leurs écarts avec plus de classe, c'est subtil, fin et plus discret. Les meilleurs sont ceux qui ne se sont pas fait prendre. A côté de cette étoffe, vous avez les barbares, les sauvages, les meurtriers sanguinaires, les assassins, les violeurs, les pervers, les déviants, les imposteurs. Mon cher la liste n'est pas exhaustive tant il y a du choix dans l'espèce et qu'il faut de tout pour faire un monde. L'humanité a perdu son sens, il n'en reste plus rien. Nous essayons de survivre autant que faire se peut dans cette jungle hypocrite, en défendant nos rêves mais aucune réalité ne se prête à ce jeu. Les rêves parfois deviennent des chimères à forces d'obstacles dressés sur leurs chemins et c'est ainsi que des vies périssent de désespoir et d'accablement. Le sort s'acharne et on ne peut changer la façon de voir les choses ou de penser aux autres. Ne peut-on tout simplement penser universellement « paix, amour, respect, compassion, empathie et tolérance » ? Non apparemment ce serait trop demander !

Par ailleurs, à ce qu'il se reflète sur certaines parties de la terre, ces pratiques aident impunément les hommes à être purement machistes, sexistes, dominateurs et à tenir les rênes de la société. Ah les hommes ! Toujours les hommes ! Non pas par leur réel sens d'administration mais par la mauvaise interprétation qui y est faite et la méconnaissance voulue de tous ces complices qui cherchent à dominer. Ce qui les arrange ne les gêne point. Alors on ferme les yeux et ça passe. On vous impose des rituels et sacrifices et pour que tout cela soit crédible, on les étoffe des mythes qui remonteraient au temps des cavernes, des siècles, des millénaires... L'Homme aime les rituels, cela l'aide à vivre. Alors, qu'ils aient bel et bien existés en d'autres circonstances et pour de biens différentes raisons ne serait pas surprenant. Seulement, dans le contexte bien précis de notre conversation ils sont subtilisés de leurs contextes et utilisés à d'autres fins, plus intéressées, plus manipulatrices. Ce sont là des choses que vous ne pourrez jamais vérifier (si seulement elles ont vraiment eu lieu).

Tout y est fait pour asservir et soumettre la gent féminine, mais aussi associer le restant car tout le monde doit jouer le jeu. Il s'avère dès lors qu'avec tous les pouvoirs et incontestable toute puissance qu'attribuent les précieux best-seller de référence à l'élite genrée, qu'aucun homme ne s'opposerait à ces faux mérites. J'ai envie de dire « aucune femme ». Surtout pas ! Avec le temps, le complexe s'est installé et dans ces sociétés où le désordre ordonné règne en maître absolu, les hommes se sont pris à croire qu'ils étaient supérieurs ! Et à la place de se penser sagement protecteurs et complémentaires, ils ont fini par se plaire du rôle qu'ils se sont volontairement attribué. Pourquoi diable faudrait-il un supérieur ? La vie que l'espèce mène leur demande à tous et invite chacun à y vivre de concert, en complémentarité mais ensemble où chacun joue son rôle sans entamer l'autre et sans l'être en retour. On organise la société et on s'en arrange. Déformer la véritable nature des choses pour véhiculer un autre message engendrant un complexe de supériorité aux mâles qui, aujourd'hui ; n'est plus à démontrer tant le choix d'exemples foisonne ; est l'œuvre de l'homme, lui-même ! Pardonne-moi mais j'aurais du mal à penser autrement car aucune femme ne se condamnerait ainsi. Toutes ces mascarades sont indubitablement l'œuvre d'un homme ou la parade d'un groupuscule pour pouvoir contrôler ces chères. Le début était sans doute difficile mais le temps a résolu les divergences en les imposant. Il y aurait là des créneaux à saisir, pourquoi pas la religion féministe ? Celle qui les libèrent de ces chaînes et où les femmes prennent la place des hommes pour diriger le monde et les asservir à leur tour ? Elles feraient la loi, transgresseraient des codes, agresseraient physiquement et sexuellement les hommes sans en être indexées ou blâmées (ce serait la faute à l'homme, qui l'aurait bien cherché !), domineraient et harcèleraient moralement les hommes, pourraient librement pratiquer la polyandrie sans se faire regarder de haut ni traiter de tous les noms d'oiseaux. Elles seraient seules maîtresses de tout et décideraient de ce dont il faut décider du sort des hommes. Ça changerait un peu des habitudes ! Je vois d'ici leur slogan ! « Couvrez-vous les hommes ! Nous vous aimons voilés et soumis ! Votre virilité exposée nous excite, nous dérange ; vos formes moulées, vos corps découverts piquent nos yeux, c'est inadmissible et il faut cacher cela ! Il y aurait même un business lucratif à cet effet. L'industrie de la mode s'y jetterait et fabriquerait des tissus de camouflage à souhait et des turbans à la chaîne… » Quelle honte ! N'est-ce pas ? Pourtant le contraire est vrai et ne choque personne. Les seuls et rares coins au monde où les femmes font la loi se trouvent en Asie et en Afrique dans des régions très discrètes et surtout pas mises en évidence. Des endroits si reculés et des pratiques si exceptionnelles qu'on en entend à peine parler. Les femmes sont si reniées et frustrées à certains endroits que même conduire un véhicule leur est interdit. Leurs tenues vestimentaires triées sur le volet, leur comportement parcouru à la loupe ! "Leur

expression ne doit pas faire trop de bruit, il y a des hommes dans les parages ! Il faut se faire petites" ! Rien ne doit dépasser et c'est l'homme qui dirige et décide tout cela. Certaines doivent même marcher derrière leurs partenaires dans les rues lorsqu'ils s'affichent ensemble alors qu'une fois dans la confession de leurs appartements, elles sont dénudées et pénétrées dans tous les sens. Le comble de l'hypocrisie !!! C'est un monde pas possible !
Puis celle des non sexistes où tout le monde serait bienvenu ? Les transgenres, les homosexuels, les libertins, les échangistes, les sadiques et masochistes, les hommes et les femmes avec leurs qualités et leurs défauts… Après tout, il n'y a pas de profil à négliger tant que celui qui souhaite intégrer la secte, l'idéologie ou le mouvement, reste humain et respectueux des autres ! Ce que chacun fait de son corps ou de sa vie ne devrait regarder et concerner que lui après tout ! Puis de toute façon, qu'en savons-nous de ceux qui soi-disant rentreraient dans "le moule" celui tout défini de normes à respecter ; par l'espèce hypocrite ? Ceux qui se prétendent chaste, pieux, saints et tout autre attribut du bien paraître ? Dormons-nous avec eux ? Avons-nous besoin qu'ils se justifient et vérifient nos vies ? Ils sont crus sur parole ! Leurs faits et dires sont parole d'évangile ! On les aime, on les adore, on les idolâtre, on les copie (leur semblant) ; ce sont des exemples ; des dieux ! Et pourtant parfois… Si on savait… A chaque fois que la sexualité la plus intimiste d'une personne quelconque fuite, on est toujours abasourdi, ébahi, écœuré ou surpris de ces actes pourtant si évidents, si naturels qu'on qualifie facilement d'ignobles… Si j'y suis, nous y sommes tous que je sache ? A quoi s'attend-on au juste ? Laissons les organes remplir leur fonction et chacun en jouir à sa manière. On ne peut pas disposer des corps d'autrui dans un but d'instaurer un climat qui se veut solidaire et tolérant c'est totalement contraire aux règles défendues. C'est même inconcevable. Et puis que savons-nous de ces prétendus pieux quand ils se retirent une fois dans le secret de leurs chambres ? En public, ils ne font pas la propagande de leurs actes quand ils se soustraient à l'indiscrétion mais une chose est certaine, ils ne sont pas les Saints qu'ils veulent laisser croire. Comme vous et moi, ils

ont un corps avec les mêmes appareils et y abritent peut-être les pires démons, capables de vices inimaginables.

- Cher ami, là-dessus je suis d'accord ! On signe où ? Laissons les convictions des uns et des autres, quelles qu'elles soient, être ce qu'elles sont, c'est-à-dire des cultes choisis puis appliqués librement, délibérément et volontairement. Laissons la liberté d'être à tout un chacun, il n'y a aucune obligation d'adhésion à rien. Quand une personne les découvre et décide que c'est ce dont elle a besoin pour être heureuse, elle choisit volontairement de l'intégrer à son quotidien sans contrainte ni harcèlement. Il n'y a aucun compte à rendre à personne de toute façon si tout le monde s'y refugie pour y trouver son salut, sauver son âme ou porter sa croix. Il y aurait ainsi moins de fanatisme et d'extrémisme. Laissons les cultes être des cultes que chacun est libre de pratiquer ou pas et arrêtons de les surévaluer ou même d'en déformer leurs réels sens et signification.

- Il n'y a pas de non-culte ou de non pratique, il n'y a que des esprits étriqués, bornés, des jugements sévères et intolérants d'êtres égocentriques et paranoïaques qui se croient supérieurs. C'est là-dessus que repose toute la déformation. Cette perception égotique de jugement. Le monde est très peuplé et avec un peu de chance chaque personne est unique, aucun culte ne devrait s'imposer ou refuser cette liberté de différence individuelle ni même l'entraver. Si l'adorateur est toléré pourquoi ne tolérerait-il pas les autres en retour ? Arrêtons la propagande malfamée, chacun est libre d'être qui il désire et mérite d'être aimé et considéré tel qu'il l'est.

- Les concepts en eux-mêmes sont sains à la base, le monde se peuple et il faut le régir et le discipliner. Organiser et donner un rôle à chaque société est un fait mais l'être humain dans ses calculs limités à sa personne conditionnée et à son arrogance légendaire de toujours administrer ou posséder ; travestit les choses à des fins purement personnelles pour qu'en fin de compte il les rende partiales et immorales. Ce faisant, elles perdent leur authenticité, leur valeur et leur véritable nature. Si ces actions menaient à un ordre supérieur et au bonheur collectif des mondes où ils seraient tous unis par la paix, l'amour et le respect, nous le saurions déjà ! Mais vous et moi savons que c'est de la fumisterie ! Du foutage de gueule où chacun tire la couverture de son côté et le pire dans tout cela, personne ne lâchera le morceau. Pourrions-nous dans un monde parallèle juste surseoir sur ces affaires de hautes tensions pour voir ce que cela donnerait ? Nous donnerions-nous juste la chance d'essayer pour voir où cela aboutirait ? Alors Dieu lui-même, ou encore le Seigneur, ou je ne sais quelle autre divinité ou supériorité ; du moment qu'elle soit bonne et juste, sait parfaitement que nous sommes de parfaits imparfaits et que nous n'agissons qu'à notre guise sauf lorsqu'il nous est forcé ou imposé de tenir compte de son existence pour pouvoir mieux vivre. Dans ce cas précis, point de questions ! On y adhère aveuglément et on est heureux de le faire. Oui parce que nous aimons "DIEU" ! N'est-ce pas ? Nous l'aimons et l'utilisons comme ça nous chante quand cela nous arrange. Pour toute la grâce qu'il porte, pour toute la délectation de nos responsabilités dont il se charge par contrat tacite sans broncher et sa capacité d'endossement de nos pires erreurs, pour le pardon et le réconfort qu'il nous apporte au moment où nous en avons le plus besoin, c'est curieux comme c'est fait avec la précision d'un horloger. Nous nous cachons derrière lui et ça marche pardi ! Tous innocents, responsables de rien et non coupables, Dieu lui seul est responsable de tout. "Il comprendra et il pardonnera" ! Il a toujours pardonné ! N'est-ce pas ? A ce moment-là, nous le faisons sans rechigner sachant pourtant que son existence ne prend vie que dans nos consciences, dans notre être, dans notre tête. Nous le faisons pour nous épargner la douleur de la solitude et le poids du jugement du commun des mortels. Nous le faisons parfois même pour juste rejoindre un groupe ou pour dénigrer les autres sans en paraître coupables. Après tout, on pourra toujours se repentir, s'expier de ses péchés, en être absout. Dieu lui, endosse tout ce poids sans se poser de question, rien ne lui pèse et c'est cela notre exutoire, notre excuse et surtout notre échappatoire. L'organisation étant siégée et les choix étant faits, il faut jouer le jeu. Bien travestis, ils sont assez forts pour se hisser haut et brandir avec fierté la pancarte de leurs véritables pensées, leurs personnalités enfouies et l'hypocrisie qu'elle y abrite. Toujours prêts pour juger et punir mais pas assez solides pour sonder les faits et comprendre la source même des choix contraires et de leur véritable origine. Nous sommes ainsi, nous allons jusqu'à admettre l'existence de l'invisible tant que cela sauve nos vies, apaise nos consciences, assouvie nos désirs et garde nos bienfaits intacts aux yeux des bienheureux trafiquants de la réalité qui ne sont autres que nos compères. Nous acceptons de composer parfois même en étant mal dans nos peaux mais de l'autre côté de ce mal-être, si on s'y aventure, se trouve le lynchage collectif de ceux qui composent contre celui qui s'y soustrait, le traitement réservé aux soi-disant traitres, ceux non conformes et qui n'appliquent pas le règlement. Mais quel règlement à la fin ? La véritable nature humaine quoi. Celle de l'action bien établie et du troupeau bien mené. Pas que la cause des hommes soit totalement perdue, mais il ne faut pas trop les idéaliser. (C'est comme ça que ça marche la plupart du temps). Les babines retroussées, les crocs acérés, les langues tranchantes, la bave jusqu'au menton ! Ils ne jouent aucun rôle à ce moment précis, ce sont eux-mêmes ; tous nus, tous crus. Point de masque car pas besoin dans ces cas-là ! Pour être soi-même, s'assumer, aimer, chérir et témoigner de sa compassion, il faut montrer patte blanche, les sentiments sont trop purs mais pour briser, juger, lyncher et casser c'est une autre paire de manches. Ces scélérats n'ont pas besoin de masques, c'est tout naturel, ça vient tout seul. Pas d'absolution pour le manquement (à croire qu'ils sont tous parfaits) et point de pardon pour le profane, pourtant eux-mêmes n'étant point des saints... Ils sont tous à plaindre mais surtout tous à blâmer ! Sans exception. Pourtant ils y vont vaillamment et sereinement comme s'ils avaient un permis pour cela (tu présentes ta carte et si elle est tamponnée, tu peux jeter la pierre sur ton prochain sans t'en inquiéter). Ils le lacèrent à coups de langues tranchantes et le déchiquètent à coups de crocs sans même avoir besoin de l'approcher. Le sort est scellé ! Marche ou crève ! L'homme serait-il enfin l'intercesseur direct de son prochain auprès du Dieu Tout Puissant ? Oh je crains bien que oui ! Quand quelqu'un ne lui ressemble pas ou ne partage pas ses idées, il lui tranche la tête et… Au suivant !!! Pas de place au dialogue et à la compréhension mutuelle (quand on est sûr de soi, on expose ses arguments et on les défend). Quel degré de pureté et de sainteté aurait-il atteint pour ainsi s'autoproclamer ? Il y aurait donc dans ce cas une discipline dite de « SAINTE-SAINTETE » et des étapes claires et précises à franchir et un dernier palier pour s'y autoriser. Le "sommet", le palier des Décideurs Tous Puissants. Au lieu de cela, vous avez des hommes qui jugent à tout va sur tout ce qui sort du rang (leur rang). Arrêtons les "notre père" et usons de l'intelligence toute bête. Seulement voilà, aucun homme n'est sans faille et donc ce projet serait d'avance voué à l'échec. Si le tout puissant ne faisait pas mon affaire, je m'en arrangerais. Ou devrais-je alors faire semblant ? Soit on s'y tient en souffrant quand même ou on se rebelle pour s'affirmer en souffrant de plus belle mais cette fois par choix. Le choix de la liberté ! La liberté dans notre grande prison qu'est la vie. Tous regroupés par enclos (pays, régions, villes, continents...) attendant chacun notre tour du destin. Personne ne devrait avoir à se rebeller pour être libre ! Mais la vie et la société nous y condamnent. (Nous sommes tous des prisonniers d'une certaine mesure, certains plus que d'autres). Je respecte et admets complètement ceux qui se prêtent au jeu pour la bonne cause, celle de la neutralité pacifique, de la solidarité, de l'entraide, du travail pour tous, de l'aide humanitaire, de la dévotion humaine et sincère, de l'indépendance et de l'autonomie. Grand bien leur en fasse. Pour ceux qui en font un fonds de commerce ou pour le seul plaisir d'asservir, de soumettre et de contrôler en masse, j'en reste dédaigneux et dégoûté.

Nous en étions à notre deuxième bouteille d'élixir et exprimions nos idées sans nous soucier de ce qu'elles pouvaient être dérangeantes ou mal accueillies par la rébellion environnante. J'indexe quiconque surprenant nos élans libérateurs de franchise et se trouvant dans un état d'esprit contraire. Nous sautions d'un sujet à un autre avec la même fougue sans que la méfiance ne nous entamât.

- Si je vous disais que j'ai juste envie que l'on remonte le temps pour se retrouver à l'ère où les hommes chlinguaient et que c'était normal ? Qu'ils vivaient nus ou s'habillaient tout au plus de feuillage ou alors de bouts de peaux pour cacher seulement leur intime nudité (cette nudité jadis innocente et non encore déviée de son sens, de sa fonction primaire), me croiriez-vous ? Ce monde nous a trop inculqué de choses… Une chose puis l'autre… Dans cet amas de déchets imaginaires toxiques qui nous brouillent l'esprit et nous fait perdre pied ; nous sommes en permanence dans la dualité rien qu'en notre être ; puis nous devons aussi livrer compétition à nos semblables ! Oui car dans cette société, il faut en sortir meilleur ! Vainqueur ! Pas meilleur que soi-même de la veille ou vainqueur de ses échecs ; non ! Meilleur vainqueur que les autres ! Ras-le-bol de ce monde et de la folie qui l'étreint !
  Je m'imagine bien pêcheur et maître-nageur, la touffe sale et for odorante, les pieds écorchés et la peau rugueuse, écaillée, les mains crasseuses et durcies par la force des choses, les ongles noircis et remplis des miettes d'anciens repas, les dents noircies et l'haleine peu fraîche ! Le corps endurci ou rabougri, musclé mais heureux, en communion avec la nature qui n'aurait alors plus de secret pour moi, la saleté ne me dérangerait pas, elle fait partie des normes de vie pour survivre. Les bonnes tisanes naturelles pour se guinder, se secouer ou se remettre d'aplomb, les formules sont diverses et les connaisseurs et guérisseurs aussi, les bonnes manières aux oubliettes ! La folie des concurrences industrielles et la société de consommation avec ! Ah quel délice ! Quel beau rêve me dirais-tu…
  Ce lapin des contes qui coure sans cesse après sa montre (l'heure) pour montrer que l'être humain coure toujours après le temps... Cette jeunesse éternelle promise... Ces richesses miroitées… Le paradis et l'enfer sont tant de messages à interpréter et à voir au sens figuré. Avec le temps, on s'est ramolli, vulnérabilisé, fragilisé à un tel point que le moindre stress ou souci nerveux débouche sur le suicide, la démence ou la folie meurtrière… On crée les conditions pour

aller plus vite que le temps, gagner plus et faire plus de profits. Mais au bout d'un moment, on a du mal à suivre ce rythme qu'on s'impose, on n'est pas fait ainsi, pas fait pour tout cela. Nos propres réalisations nous rattrapent et nous desservent. On pète un câble pour un oui ou pour un non. La rage nous tient, la compétition nous domine et on court, on court sans cesse dans des batailles imagées pour réaliser des prouesses extraordinaires en majeure partie au profit des plus grands pour de bien piètres récompenses face à la teneur du sacrifice consenti. La sédentarité et les changements évolutifs dits de développement ne nous ont pas seulement rendu service, il y a un prix à payer. Celui très cher de l'endurance, du sacrifice, de l'abandon de soi et de la ténacité à toute épreuve. Seulement on ne peut remonter le temps et en plus, on ne peut le refaire car notre sort est scellé ! Oui les dés sont jetés, nous avons décidé d'échanger l'humanité contre des armes et des billets, nous polluons et détruisons progressivement le seul nid douillet qui nous héberge (notre grand jardin, notre seul paradis). C'est alors que les guerres sanglantes éclatent de partout dans le monde, ce paradis étant devenu trop beau ou trop étriqué ! Nous devons l'ensevelir ou tout bonnement faire disparaître notre espèce. Les grands dictent et les petits opèrent puis au bout du cycle nous avons les innocents qui subissent les conséquences et en pâtissent. Tous les nantis détenant ces immenses fabriques à consommation excessive et absurde, ces usines polluantes et toxiques pour les hommes et la planète entière ; opposés à ces démunis au plus bas de l'échelle, qui subissent, n'échangeraient sûrement leur place aujourd'hui à aucun prix. Nous créons nos limites puis nous les surpassons en nous rendant compte que c'est nous et seulement nous aux commandes (mais lesquelles de commandes exactement ?), puis nous recommençons.

- Ce que nous désirons en notre for intérieur, je crois savoir que nous nous acharnons au prix de nos vies pour le réaliser. Pourquoi ne pas œuvrer de cette même manière pour la paix des mondes et la fin de nos petits et grands supplices ? Le ciel ne nous entend pas, c'est à nous de passer à l'action et arrêtons d'attendre que ce ciel innocent descende sur terre

pour mettre de l'ordre dans cette anarchie que nous fabriquons de nos mains, c'est absurde !

- **Savez-vous que dans certains pays des pratiques belliqueuses sont poussées aux extrêmes ? Sapristi ! Si tu quittes un Etat après avoir poussé une belle gueulante, tu te retrouveras dans un autre aux combinaisons bien plus biscornues, plus fourbes, plus tordues. De vieilles femmes innocentes sont recluses (et de bien plus jeunes encore), marginalisées pour le restant de leurs jours, exclues pour certaines raisons absurdes et faits de société comme le veuvage ou le métissage ; rejetées puis condamnées à une mort sûre et lente dans l'indifférence et l'humiliation totale. Dans d'autres contrées c'est une question d'ordre charnel, il s'agit là de couper tout bonnement une partie du corps de la femme ; notamment son clitoris voire toute sa partie intime et génitale visible pour l'empêcher de connaître l'épanouissement et la jouissance sexuelle là où il serait question de décalotter l'homme en y coupant la membrane pendante et en lui massant copieusement le manche afin que celui-ci puisse en jouir pleinement. Quelle injustice et quelle cruauté ! N'est-ce pas ? Et surtout quel mépris ! Le mépris de toute une société envers les femmes avec leur consentement de surcroît ! Avec le temps, elles ont fini par l'intégrer et trouvent ces pratiques malfamées justifiées ! Même légitimes. Elles se posent à peine la question, n'en étant plus à ce stade. Ces pratiques sont tout aussi aberrante les unes que les autres. Les femmes souffrent de ségrégation, d'esclavage dans pas mal de sociétés, sans compter les dommages collatéraux dus à ces vices. On les ampute de leurs droits basiques fondamentaux, ceux naturels de pouvoir jouir et disposer de leurs corps comme bon leur semble. Ce n'est en plus qu'une partie émergeante du roc mon cher, le reste est bien enfoui ! Si on entre en profondeur dans le vif du sujet, on y verrait beaucoup d'autres injustices à l'égard de ces bonnes dames.**

- **Elles sont en effet sous contrôle dans bien des cas, sexualisées et instrumentalisées à la guise du meneur social. C'est un fait ! Les femmes sont opprimées, bâillonnées,** contrôlées, violées, handicapées, maltraitées depuis la nuit des temps et dans toutes les sociétés, cela a bel et bien existé ! Cela continue toujours. Quand elles décident pour les plus osées, les plus courageuses, de se soulever, de se rebeller et de faire la révolution que ce soit en faisant des marches blanches ou à travers les médias comme on le voit souvent sur les réseaux sociaux pour réclamer justice ; brandir des revendications d'équité, de respect et de considération au même titre que les hommes, elles sont prises pour des cibles à éliminer au plus vite. Ces mêmes hommes qui tirent sur les ficèles qui les briment, les oppriment, les oppressent et les rabaissent. Ces braves femmes sont écrasées par le système et l'opinion publique instrumentalisée. Tout est orchestré pour les faire taire car elles gênent la bonne marche d'un système misogyne ; sexiste vieux comme le monde. Un système où les femmes doivent être en marge, courber l'échine, se laisser faire et marcher dessus, en retrait, en silence pour subir tout ce dont on voudrait d'elles. C'est alors que ces amazones qui s'érigent en défenseuses des droits des femmes et à juste titre, sont traitées de piétineuses de maximes ; de putes, de dévergondées, de rebelles, de conspirationnistes, de tout ce qu'il est possible d'utiliser contre elles pour pouvoir les maîtriser et les bâillonner. Elles sont enlevées, récupérées, kidnappées, torturées, menacées, harcelées, emprisonnées, violées et même tuées pour ne plus se faire entendre. C'est une aberration ! Quant aux prises de consciences collectives entamées face à cette gangrène sociale mondiale à caractère misogyne qui n'ont que trop tardé ; elles évoluent à contre-courant et de façons tortueuses pour rendre à ces marginales leurs repères historiques, ceux de la justice. Les coins les plus rares où se pratique à peu près ladite justice, forcent le genre à mettre la main à la pâte pour arracher son dû sinon pour continuer les revendications légitimes qui jamais ne cesseront d'être remises en question.

- Les réseaux sociaux ? C'est à double tranchants ! J'y ai pris quelques fois plaisir à faire du lèche-vitrines ; dans ces grandes chaînes de galeries virtuelles exposants les supposées vies de leurs propriétaires tout en mettant en lumière leurs atouts de manière à allécher les surfeurs... Du vrai piratage pour beaucoup, de l'exhibitionnisme, de la pure escroquerie quand on sait que tout y est mis en scène et qu'il n'y a presque rien de vrai parfois... Toute sorte de crimes sans y paraître s'y trament. Du plus petit des escrocs qui extorque, les sangsues et les parasites qui se greffent aux autres pour les sucer, les dévorer ; aux blogueurs criminels, assassins qui ; derrière leurs claviers, marionnettisent une jeunesse accroc et l'exposent à son déclin à travers des concepts suicidaires. Ils mettent au point des défis dans le but de tuer collectivement des personnes et qu'ils présentent sous forme de jeux... Des jeux extrêmement dangereux qui ont ôté la vie à pas mal d'enfants, d'adolescents et de plus âgés encore. Des jeux mortels proposés par des gens toxiques, des manipulateurs doués cachés dans les réseaux et qui hameçonnent les naïfs pour du buzz, des likes et de l'argent. Derrière toutes ces manigances se cachent parfois des jeunes gens perdues, adeptes de sensations fortes, d'adrénaline et de recherche de triste renommée. Des jeux d'étouffement, d'étranglement, de suffocation, de rétention de la respiration, des soi-disant défis à relever... qui entraînent pas mal de ceux qui les essaient, prématurément dans leurs tombes. Des conséquences graves en résultent, des handicapés mentaux, des jeunes gens dans le coma, des morts inévitables et des familles en deuil. Ceci n'est qu'un bref aperçu du côté sombre des choses…

A la base, les réseaux sont créés pour améliorer et faciliter nos vies. Nous rapprocher, nous mettre en relation, nous maintenir en contact et nous tenir informés. J'ai arrêté cet usage abusif et infertile quand j'ai pris conscience des dégâts causés par leur mauvaise utilisation. Ce genre de pratiques malsaines qui donnent le pouvoir à un décideur quelconque de ternir la réputation de son prochain. Les femmes ! C'est en effet une vielle affaire ! Le monde est branché de la pire des manières, toutes les situations sont utilisées sous tous les angles possibles, la vérité pervertie, les choses falsifiées, les réalités truquées, c'est alors qu'il ne reste plus rien de vrai. L'avènement des réseaux sociaux n'a pas apporté que du positif. Par l'utilisation démoniaque dont ils sont victimes, nait la dépravation faite de lâcheté et toutes sortes de comportements jadis peu fréquents. Des propos diffamatoires, des calomnies, des mensonges orchestrés, de la manipulation de masse, ce sont là, les sièges des rassemblements de montages machiavéliques et complots de toutes sortes. L'humanité a perdu la raison en s'adonnant à ces forfaits et si on n'y prend pas garde on y est trempé jusqu'aux os et on ne s'en sort plus. Les blessures charnelles faites à portées de mains, une fois soignées ou pansées, cicatrisent et même disparaissent mais les coups de langue tranchants qui brisent des vies, restent gravés dans les cœurs, présents dans les esprits, toujours aussi saignants que douloureux. C'est une horreur ! Mais inutile de se prendre la tête avec les misérables, il y aura malheureusement toujours des êtres profondément mesquins ; ceux qui sont sur vos vies et sur votre dos sans cesse. Il y a toujours quelqu'un pour vous envier quelle que soit votre situation et votre statut. Un sdf a aussi son envieux, celui qui convoite son couchage, son carton, sa tenue, son bain du jour, son alimentation incomplète, sa vie précaire... C'est le revers de la vie. Cet insignifiant oublié de la vie qui n'existe que pour salir, calomnier et avilir. Il vous accusera limite d'être vivant ! De bien vivre ou d'accumuler des biens par des moyens douteux parce qu'il souffre de sa vie misérable ; cette misère dans sa tête ! Jetez-le aux oubliettes. Si la vie se montre clémente, il faut en profiter le plus possible. Il s'égosillera par ces canaux ; aujourd'hui accessibles par n'importe qui et vous accusera de lui barrer la route alors même que vos chemins ne se rencontreront jamais. Tout ce qu'on peut conseiller à ces lourdauds, c'est de se créer une vie, d'arrêter cette mendicité camouflée, de cesser de toujours remettre la faute sur les autres ; de stopper de dégueuler sur les vies d'autrui, d'incriminer le destin ou d'accuser ceux qu'ils jalousent par envie et par convoitise d'être la cause de leurs problèmes personnels. Qu'ils se remettent en question. Plutôt que de passer leur vie à décortiquer celles des autres pour y semer la zizanie. Cela leur ferait beaucoup de bien.

Un véritable paradoxe de bien et de mal assemblés en un, ces réseaux ! Quand on sait qu'on a des talents purs qui y trouvent visibilité et reconnaissance et qu'en face on a des personnes dignes qui y sont lynchées à longueur de temps, salies et avilies à tort toujours par ces mêmes canaux, on sait alors qu'on est susceptible d'un moment à l'autre d'y laisser sa peau. Ce n'est souvent qu'une question de temps. Le viol quant à lui est devenu une arme de destruction massive, un élément constitutif de crime de guerre, de crime contre l'humanité, de génocide depuis très longtemps ! Il occuperait sans problème la première place aux côtés des bombes nucléaires et les armes à feu destinées plus à des chantages pour pouvoir contrôler, des guerres sanglantes et désastreuses qu'à la protection même de leurs détenteurs.

- Je me retrouve souvent à fouiner dans les étagères de ces bibliothèques pour relire nos anciens, les visionnaires et témoins… L'information étant devenue si déformée qu'on a du mal à s'y fier. Les pages d'informations et les forums d'échange d'idées sont à parcourir avec discernement. Quelque fois, je suis sans voix devant les vagues de déferlements haineux envers certains compères ou d'autres cultures étrangères. Ce, malgré la réticence sur ce sujet des cultes pratiqués du matin au soir. Alors je conçois qu'il y ait un sujet qui fâche mais rien n'explique cette rage nourrie envers tant de monde ! Ces gens, si je puis dire, sont dans une sorte de contradictions mêlées. Un déni qui ne dit pas son nom. Je me suis plongé dans le vif du sujet, passé commande puis parcouru les lignes et compris les choses à ma façon. Je te garantis que j'en garde ma neutralité. Ce que le reste du monde veut bien croire et faire de sa vie m'est bien égal du moment que chacun respecte l'autre. Le respect mon cher ! Il s'agit du respect ! Nous savons bien que ces conditions ne sont pas remplies sinon la question ne se poserait pas. Pourquoi un tel acharnement ? Une telle persécution ? J'aimerais tant que ceux qui choisissent de pratiquer telle ou telle autre chose respectent tout autant l'opinion d'en face de celui pour qui il n'en est rien, et vice versa. N'est-il pas dit dans ces ouvrages dont ils s'inspirent et qu'ils sont sensés suivre à la lettre, qu'il faut aimer son prochain et le traiter comme on le ferait avec soi-même ? Où est l'acte dans tout ça ? Il ne faut pas que tout ceci reste que des vœux pieux ! Rien ne correspond vraiment à ce qu'ils

prétendent pratiquer dans les faits. Ils verbalisent une chose et en appliquent une tout-autre.
Bien entendu, il y a le bon genre comme partout et en toute chose. Il y a les écrits et il y a aussi les faits. Chacun y va son chemin et fait selon ce qui l'arrange. De plus chacun apprend une chose différente en fonction du lieu où il se trouve. Je ne vois pas comment un panel d'individus se trouvant sur un territoire donné peut tout bonnement décider d'imposer ses lois et ses apprentissages à ces autres qui eux, leur sont totalement étrangers ? Que dire des hommes désignés, ceux-là même aux visages graves et révélateurs de leur présage funestes et pourtant aux personnalités respectées ? Ces costumés adulés, leader des rassemblements dits vertueux qui sont sensés donner l'exemple et qu'on découvre au grand jour comme étant de piètres pervers incestueux, violeurs et monstrueusement machiavéliques ? Devenus forts dans l'élaboration - à travers les sectes, réseaux de délinquance, organisation de malfaiteurs - de techniques de détournement de toute âme affaiblie par les épreuves de la vie, des proies faciles à manipuler, à abuser, à utiliser et à diriger. Certains prédateurs se cachent derrière les institutions à caractère spirituel de manière à n'éveiller aucun soupçon tout en s'octroyant tous les mérites émanant justement de ces enseignes et qui empêcheraient les autres de les voir tels qu'ils sont vraiment. L'arnaque aussi vieille que le monde de l'espèce, ces crapules parvenues ont trouvé leur créneau, celui de la piété qui cache leur monstruosité et tiennent des discours séduisants pour parvenir à leur fin. Ils profitent donc de cette aubaine pour perpétrer, sous ce plumage majestueux qui cache leur véritable nature ou du moins la rend moins visible ; les crimes les plus horribles sans en être inquiétés. Ils sont adulés pour leur fausse apparence dans leur milieu et règnent en maîtres incontestés et insoupçonnables d'aucune sorte de dérogation à l'estime que leur confère la robe qu'ils portent et le charisme qu'ils imposent. Ils sont donc sous protection et font usage de cette couverture sans vergogne. Ils restent longtemps impunis car jamais accusés et même défendus becs et ongles par leurs fidèles partisans jusqu'à ce qu'ils soient un jour démasqués.

Ils font du mal aux innocents, brisent et détruisent ceux qui les dénoncent. Ces derniers n'étant pas crus, souvent rejetés et traités de menteurs et de maîtres chanteurs.
C'est un déshonneur pour ceux qui portent correctement la robe et qui s'y tiennent bien droits. Ces dérives malheureusement trop nombreuses confirment simplement que la plupart s'y complait à juste titre, il s'agit simplement de jouer un rôle et se faire une place, gagner en confiance pour mieux vivre ses vices et détruire les autres. J'ai fini par opter pour la lecture culturelle finalement. Un bon livre comme au bon vieux temps, sinon une liseuse et hop ! J'en ai pour mon compte. On s'instruit sans forcément interagir avec des pensées parasitées et nuisibles. On ne nuit à personne sinon à soi-même dans le pire des cas. C'est un bon compromis. Fatigué de ce monde de démolition où chacun cherche à te faire douter de toi uniquement pour pouvoir soi-même gagner en confiance. Beaucoup ressentent le besoin d'écraser les autres pour grandir alors même qu'avec un peu d'esprit et de bon sens, ils peuvent y arriver tous ensemble main dans la main.

- Les meilleurs livres pour moi ont toujours été ceux avec le moins d'illustrations sinon aucune. Ils laissent libre cours à l'imagination fertile du lecteur et le plongent dans l'univers totalement inventif et sans limite du contexte. Du coup il prend part à l'action, se pose ses questions, vit les émotions et comprend le sens même de cette histoire dans laquelle il s'est embarqué, à sa manière.

- J'ai la nostalgie du temps d'avant que je n'ai pourtant pas connu, quel paradoxe n'est-ce pas ? Pourtant j'ai l'impression qu'on y a mieux vécu ! Pas nous bien sûr ! Nos aïeux ! Cette époque où rien n'était vraiment important et où tout le monde vivait en harmonie. L'insouciance et l'immatérialisme régnaient en maîtres. L'époque des gens heureux… Bien-sûr avec leurs lots de soucis du moment, mais de bien moindres soucis vus d'ici (enfin c'est ainsi que je me l'imagine). L'époque où l'on faisait des jours de voyage pour rendre une visite surprise à son meilleur ami du village voisin qui, en retour, était content de la recevoir. Ou alors on écrivait des lettres kilométriques accompagnées d'une carte postale et même d'une ou plusieurs photos pour partager des nouvelles avec ceux qu'on aime et qui manquent tant... (Aujourd'hui nous avons les mails instantanés, les messageries sophistiquées qui gèrent cela en distanciel) … Cette époque révolue où le courrier mettait parfois des mois à arriver et qu'on le réceptionnait après une longue attente dans l'impatience sur le perron en éclaireur ; avec tellement de joie et de bonheur tant on était impatient qu'il arrive. On s'attardait sur chaque mot lu avec émotion et émerveillement, puis une fois la lettre entièrement lue, on la relisait plusieurs fois avant de la serrer fort contre son cœur pour dormir avec ; avant de la ranger dans un lieu sûr. Ces lettres étaient si précieuses, elles valaient de l'or ! Mieux que ça, c'est d'une valeur inestimable car elle était émotionnelle. Je donnerai cher pour le vivre ; j'entends encore grand-mère relater ces faits que j'ai aussi l'impression d'avoir vécu avec détail, nostalgie et amertume mais on ne peut rien contre le temps, il est impitoyable.

- Que de chemins parcourus ! C'est en effet une partie de nous-même qui part avec les anciennes générations. Les mémoires restent encore ce qu'il nous reste de plus précieux si tant est qu'il nous en reste. L'ennui c'est que l'héritage que nous laissent nos prédécesseurs comporte parfois des dangers insoupçonnés une fois entre de mauvaises mains. Sans impliquer la culture et les mœurs, il y a tout de même pas mal de questions à se poser sur certaines transmissions. Quand il s'agit de legs matériels, de partage de richesses par exemple... Rien que cela. Que celles-ci soient colossales ou non, beaucoup d'histoires déterrées datant de ce passé ne rassurent pas nos temps… Celles de nos temps également et pour beaucoup ; finissent mal de nos jours.

- L'héritage dans bien des sociétés est souvent une malédiction en certaines circonstances. De tristes histoires de famille, des jalousies, des détournements, de l'extorsion, des vols… Il divise les héritiers qui se déchirent entre eux. Il y a toujours un envieux, celui qui veut tout s'accaparer ou qui joue la victime ; il est facile à cerner car pour lui, tout lui est dû. Manquant de personnalité, jamais il ne se crée, il attend que les autres se réalisent pour subtiliser, copier leurs idées et se les approprier ; il veut à tout prix briller sans aucun mérite. A l'opposé, il y en a d'autres complètement indifférents… Si la vie venait à être clémente envers ceux-là, en leur octroyant ses bienfaits ; ils n'échappent pas non plus à l'envie ou la jalousie de leurs proches. Le pire dans le partage c'est de recevoir la meilleure part. Cette fois ils le voient, le ressentent car leurs proches ne savent se contenir et le diffusent à vue de nez. Ils sentent si fort leurs pensées accablantes qu'ils les devinent comme s'ils les verbalisaient. C'est ce doigt invisible accusateur et moralisateur, ces sermons silencieux, ces regards assombris par les vilaines pensées, la laideur sous toute sa splendeur et quoi dire de plus ? Un silence qui en dit long sur les sujets qui, au lieu de libérer leurs cœurs en déliant leurs langues, s'empoisonnent en s'emprisonnant d'abord eux dans leur mutisme ; ensuite leurs cibles, qui ignorent totalement leur méprise ou ce dont elles sont accusées. S'en suit alors une spirale vertigineuse qui emmêle toute sorte de sentiments néfastes, de silence accusateur, de culpabilisation, de colère, de condamnation à tort, de convoitise, de haine, d'envie, de dédain, de mésentente, de guerre sans armes mais d'une pire cruauté. C'est une porte ouverte à une crise et une guerre silencieuse, un silence sans nom. Le silence qui, en d'autres circonstances, sauvait et ne trahissait point devenait alors un abcès à crever. Le mutisme a sa place mais ne peut être placé partout, les cellules de vie en toute société passent par le canal de la parole, de la communication pour s'expliquer et se comprendre. Pour se parler, s'accorder mais aussi pour s'entendre. Comment voulez-vous deviner et vous excuser du tort que vous n'avez pas commis si celui qui vous en accuse ne vous le fait pas savoir ? Il attend dans son infini orgueil que vous le deviniez. Tout à coup, vous avez à ses yeux tous les attributs d'un magicien, d'un devin et surtout dans son infini délire vous devez également être réglé sur son horloge biologique, être sur la même longueur d'onde, agir donc dans son sens et à son rythme sans qu'il ait eu à bouger le petit doigt. Et c'est ainsi que se referme le piège pour des broutilles et absurdités laissant l'accusateur dans sa fructification d'idées malsaines au choix, sa frustration et l'accusé dans son changement dégradant de statut de jour en jour aux yeux de l'indélicat indécis. Des regards vous maudissant tout en essayant d'afficher un air indifférent. L'on vous condamne presque d'être vous. Mais alors qui diable d'autre devriez-vous être ?

- Ce sont là les failles de l'humanité. Nous voulons peut-être bien faire mais nous sommes tous différents. Chacun fait les choses à sa manière et s'y prend à son rythme.

- Enfant, j'imaginais toujours gaiement la vie que j'aurai plus tard. Une vie d'un grand enfant dans un monde de merveille où tout serait simple comme quand j'étais petit et innocent. Un monde où la seule chose qui aurait changé serait peut-être mon corps. Un monde où il n'y aurait ni guerre ni disputes. Un monde avec toutes ces personnes qui auraient juste poussé en taille et auraient gardé leur éternelle insouciance, celle drôle de l'innocence. Mais en cours de chemin, il y a les forces hostiles, les empêcheurs de tourner en rond, le dangereux monstres virulents et toxiques ; les venimeux, ceux qui mettent les bâtons dans les roues, les envieux, les jaloux et tout cela peut rendre la tâche un peu plus ardue, plus compliquée de se retrouver dans ce rêve d'enfant. Mais personne ne grandit en restant innocent à mon grand regret, je le découvrais chaque jour ! Les combines malheureuses se nouent à tous les niveaux. Dans la vie de tous les jours, déjà au niveau de la cellule familiale où il faut se battre pour trouver sa place, sauver sa peau ou affirmer sa personnalité lorsqu'il s'agit d'une grande fratrie (quand il y a trop de différences et de comparaisons, ceux qui sont mis sur un piédestal ou qui veulent dominer) ; élever ses mots sans forcer sa voix lorsqu'on est enfant unique pour ne pas se faire écraser par des parents tyranniques, ou éviter la destruction ou manipulation de ceux machiavéliques. Dans le travail c'est le même scenario, la compétition coûte que coûte, l'exploitation, l'appauvrissement du plus pauvre, l'enrichissement du plus riche ; la persécution, l'acharnement des uns sur les autres, la convoitise, le harcèlement moral, sexuel, psychologique font cuire l'espèce dans un bouillon de colère et de détresse. Dans la société, c'est un autre calvaire, une sorte de misère psychorigide, un perpétuel combat à mener pour tenir la tête hors de l'eau sans parler du jeu de rôle des différents mouvements sociaux qui n'ont pas dit leur dernier mot. Les soulèvements et la rébellion de toute part. Le harassement de peuples face aux réalités toxiques mondaines, étouffantes. Le système social bourré de vices. Le système éducatif à la traîne. Le système médical, paramédical qui, même s'il sert la bonne cause pour beaucoup ; abrite tout de même de grands tricheurs ! Légalisés de surcroît ! Eh oui ! Il y a en effet un panel de faussaires et d'escrocs qui ont vu les failles et y ont placé leur créneau. Certains bougres malveillants appelés soignants et qui se sont formés très vite, se sont mis à la manœuvre et ont prêté serment dans certains domaines (branches, expertises ou tout ce que vous voulez) ; portent légitimement des blouses, montent des arnaques ficelées par la manipulation pour extorquer plus d'argent et font des suggestions insistantes qui pousseraient à la consommation abusive en manipulant des patients en détresse parce qu'ils y touchent des royalties. Ce que le patient n'est pas censé savoir, il est pris pour un abruti et surtout pour un pigeon… Ils sont doux, mielleux et brossent les victimes dans le sens du poil pour parvenir à leurs fins mesquines. Mais comme on dit, il n'y a pas plus amère que celui qui est doux par intérêt ! Face à la résistance, il tente de broyer celui qui découvre leurs mascarades et s'y oppose. Quel abus ! Chez les politicards le même sort s'acharne, si tu occupes une place enviée ou un poste de haute voltige, tu dois te tenir à carreaux ! Devenir un coincé du cul avec en plus un bâton dans le derrière qui te guinde et te rappelle tes fonctions... Tu joues alors la comédie pour que tous ces juges te fichent une paix royale ! Si tu veux rester longtemps et manger ta part du gâteau sans te faire voir, tu dois vraiment être un bon acteur, discret et ne rater aucun coche de leurs moules restreints. Mais attention ! Pas de dérapage ! Sinon tu connaîtras le jugement dernier ! Celui propre aux hommes qui se fait chaque jour. Tu dois alors démissionner ! Fichtre ! Ce n'est même pas ta volonté. Le lynchage et la pression sociale t'y ont obligé, c'est leur décision et elle est irrévocable ! Ceux-là même, les tous puissants qui siègent aux sommets et tirent sur les ficèles. Chaque niveau à son sommet, aucun des niveaux n'est à négliger. Ce n'est pas comme si tu en avais le choix. Ils font ce qu'ils veulent et placent qui ils veulent quand et où ils l'ont décidé. Si tu ne fais plus leur affaire ou que tu gênes leurs rouages, on te trouve un dossier assez compromettant pour te décrédibiliser et t'humilier, puis on te colle aux fesses un procès à vie ! Tu es enfin dans leurs filets, tu te débats tant bien que mal pour laver ton honneur (dans le cas où tu en as vraiment et qu'ils ont tort) soit tu sombres et ton cas est de l'histoire ancienne ; il planera toujours un doute sur ton ombre car jamais tu ne te départiras de leurs accusations ou de leurs calomnies. On te met tranquillement sur le banc de touche et le bal continu. Il faut comme bien dit, battre le cadavre pour que les vivants aient peur et prennent conscience des enjeux. Il y a forcément une part d'espèces à sacrifier, c'est le jeu. Au niveau de l'industrie de la mode et de la musique on n'y échappe pas. Des enfants sont instrumentalisés et sexualisés dans le seul but de faire de plus gros chiffres d'affaires ! Ils n'ont plus le temps d'être des bambins et à côté de cela tu as l'hypocrisie des mœurs qui se prétend protectrice des droits des mineurs qui sont pourtant chaque jour exploités sous leurs yeux, avec leur complicité, à des fins purement monétaires. La prostitution ouverte au péril de la société. L'argent, l'argent, l'argent !!! Il est au centre de tout ! Il règne, divise, sépare, détruit, exploite, domine, achète l'honneur, rend faible, vicieux… Tout le monde a les crocs et chacun veut juger l'autre ! Bien sûr il a aussi son lot de bienfaits face à tous ses vices mais nous savons tous de quel côté penche la balance. Au nom de l'argent amen ! En fin de compte le seul véritable Dieu de tous les temps et de tous les hommes, c'est l'argent ! On tue pour lui, prie pour lui, on échange sa conscience contre ses bienfaits éphémères, on vend son âme, on commet toute sorte d'ignominie en son nom. Des Hommes se trahissent. Des sociétés se liquident. Des partenaires éternels se séparent. Des familles se scindent. Des êtres se déchirent. Des sectes, des idéologies, des congrégations utilisent cela à des fins pas toujours honnêtes pour tirer leur épingle du jeu. Certains meneurs de

troupeau sont allés très loin dans leurs entreprises. Ils acclament publiquement les meilleurs payeurs de leur congrégation et font leur apologie pour que les autres les rejoignent et en donnent plus. Très malins ces escrocs. Je suis même sûr que s'ils ne collectaient pas ces généreuses contributions quotidiennes de leurs agneaux, ils ne perdraient plus leur temps à prêcher. (La foire aux vanités) ! Ils vont là où ça banque le mieux. Et si tu n'as pas de liquidités, le nouveau système te présente une machine à carte, tu peux même payer sans contact... ah Dieu argent ! Que l'espèce te couve comme une poule sur ses œufs ! Que ne ferait-on pas en ton nom ? Ce monde est comme une pomme pourrie et la pourriture avance un peu chaque jour et grignote le côté sain restant jusqu'à ce qu'il n'en reste plus rien un beau jour.
Quelque chose en nous change au fur et à mesure que l'on avance. Je peux vous dire que je l'ai même imaginée (ma vie) sous tous les angles possibles sauf celui sous lequel elle se présente à moi. Toujours surprenante et c'est ça la vie en fin de compte. Si on peut la planifier au détail près, on n'aurait plus aucune raison de se battre et on prévoirait les choses sur des années puis on attendrait tranquillement au lit ou ailleurs pour qu'elles se réalisent avec le temps tout en s'ennuyant d'attendre. Mais non, il y a justement la surprise qui chamboule tout ! L'imprévue, le fameux grain de sable dans les rouages qu'il faut trouver et extraire ! La vie te fait mettre la main à la pâte et te demande de savourer allègrement cet instant avant d'atteindre celui du répit. L'épreuve peut être salvatrice ou dévastatrice, violente, douloureuse, compliquée voire même mortelle… Sauf que quand on survit, on s'en remet tout doucement et on grandit un peu plus ! C'est le secret, il réside dans ces détours imprévus qui nous compliquent presque la vie mais rendent le combat plus excitant et l'aboutissement plus savoureux.

- Un merveilleux supplice ! C'est un châtiment exemplaire pour l'espèce que nous représentons. Finalement l'enfer se trouve ici même ! A nos pieds, nous y sommes chaque jour un peu plus… A nous de rectifier le tir et d'améliorer les choses.

- En récapitulant je me rends compte que j'ai aidé des vies à se construire, des personnes à se reconstruire, mais avec le temps je me suis vu partir tout doucement. On ne se refait pas, puis on n'est pas immortel même si on ne voit pas le temps filer entre les doigts et que l'on semble opérer des miracles sur les autres. Tu m'étonnes ! Je suis un bon vivant mais je ne t'apprends rien ! J'aime la vie et les bonnes choses de la vie, je savoure tout et goulûment, quitte à mourir demain ! Allez ! qu'on en finisse ! Mais non, en réalité, j'aime vivre et j'ai le plaisir gargantuesque. Après coup, je peux contempler mes souvenirs, regretter mes ratés, aimer mon prochain, mourir tranquille et heureux auprès de ma merveilleuse famille, ma femme et mes enfants.

Enfin pour l'instant, je peux parler de mes enfants car pour ce qui est de la femme, je n'en suis qu'à des esquisses de projets et je compte bien les faire aboutir. Les conseils de mon ami me sont cher à ce sujet, il me soutient et reste mon meilleur confident.

Nous avons bien mangé et après un dernier verre, nous avons décidé de changer de crèmerie. Quand ces gorgées précieuses de partage entre amis déferlent ma gorge tout en me rafraîchissant la descente et en fragilisant mon bas ventre, je sens l'esquisse de mon visage se décontracter, mes traits s'étirer, se relâcher, mes joues se réchauffer, s'affaisser, mes idées s'exprimer et mes soucis s'envoler comme par magie. Mon corps s'allège et mon esprit divague... Je me sens si libre et si distant de toute insécurité. J'ai l'impression d'avoir la solution à tous mes problèmes tout d'un coup (les problèmes que je n'ai pas vraiment ! Ceux du monde que je veux sauver). Je me laisse entraîner dans ce tourbillon de plaisir momentané chargé de nos flows annonçant une nouvelle ère et qui me laissera un goût âpre de reviens-y au petit matin.

Nous avons déambulé, peu entamés par l'ivresse de nos breuvages lentement dégustés entre l'apéritif et le dessert ; dans ces rues brillantes réfléchissant les lumières dorées éblouissantes. Voilée par la fine poussière qui, désormais, se posait doucement sur les toits et dans la rue. Arfou me conseillait d'éviter de m'exposer sachant que certains prédateurs étaient friands de bouchées fraîches de ma chair par ici mais je n'avais pas peur. Je me sentais chez moi et rien ne pouvait m'empêcher de fouler mes pas pour me dégourdir les jambes après un bon repas et en bonne compagnie. J'appréciais mieux le paysage en me mêlant à sa nature et profitais de chaque instant de la marche. Ces rues bondées de monde le jour et désertes le soir venu. Pas un chat ! Seuls quelques rares chiens errants ci et là qui semblaient désorientés, s'arrêtaient par moment pour renifler des traces d'empreintes de pas laissées plus tôt ; puis continuaient à déambuler. D'un côté comme de l'autre du trottoir, défilaient ces bâtisses en dur aux toits en tôles argentées sur lesquels les faisceaux d'une lune timide s'abattaient pour annoncer le calme. Les portails enduis de peinture à l'huile brillaient sous les feux des projecteurs des quelques voitures qui venaient à passer et ceux des réverbères là où les véhicules se faisaient plus rares. Ces bâtisses devant lesquelles étaient postés des gardiens en tenues de gendarmes, c'est la nouvelle civilisation. Le sable emplissait, s'entassant sur les rebords de la chaussée en goudron encore chaude du soleil ardent de la journée. Nous avons marché une bonne trotte du rond-point Gadafawa au village chinois en dessinant la courbe d'un arc par notre parcours du point de départ au point d'arrivée. Nous avons rejoint la devanture du stade général en passant par l'axe ENAM, un rond-point inévitable sur cette route qui offrait souvent des spectacles d'envergure extraordinaire. Les conducteurs échauffés par la haute température des journées chaudes ensoleillées, s'énervaient facilement et cédaient à leur humeur maussade, ce qui dégénérait souvent en des échanges un peu musclés dans les embouteillages. Il leur arrivait parfois d'en venir aux mains quand ils refusaient de lâcher l'affaire avant de créer des attroupements de badauds friands de ce genre de scènes au risque de se faire verbalisés si la police venait à être de la partie ! A croire que ça irait plus vite. Nos chaussons étaient tous blancs de poussière et nos jambes commençaient à céder à la fatigue. Je rompis le silence de la marche.

- Vous savez, j'ai compris beaucoup de choses en quittant ma zone de confort. Mes voyages m'ont incroyablement enrichi. Je me faisais d'autres films dans ma petite tête avant de débarquer en Afrique il y a de cela plus de vingt ans. De mes croyances limitantes à mon ignorance légitime, je me rendais à l'évidence que le monde était fermé tant qu'on ne décidait pas de s'ouvrir soi-même. Je me sens moins bête du coup !

Je peux dire sans hésiter que je l'ai longtemps été et quelle honte parfois ! Il suffisait pourtant que je m'y sois intéressé davantage pour sortir de ma léthargie. J'ai reçu la claque de ma vie et j'en ai maudit la terre entière d'avoir été si naïf et crédule que de m'être laisser bêtement enchanté par des mots et des idées arrêtées aujourd'hui révolues ! Heureusement. Curieusement, ce n'étais pas ce qu'on m'avait transmis inconsciemment comme idée dans l'enfance pour peu qu'on l'eu fait. Les images à la télévision, les livres illustrés et les pensées péjoratives souvent émises par ignorance, formatent le cerveau qui capte et fige le peu qu'il a pu rencontrer pour se faire une idée, une image, une représentation dans le temps et dans l'espace d'un endroit donné. Aujourd'hui encore beaucoup pensent qu'en arrivant, ils n'y trouveraient que des huttes, des tentes, une terre sauvage et déserte dépourvue de toute civilisation évolutive. Un endroit où l'on vit de chasse, de pêche et de cueillette comme aux temps anciens. Ce n'est pas un mal en soit, c'est la perception dégradante qui y est associée par ce biais, à des peuples, que je trouve désolante. Si on pousse plus loin, ils verraient les habitants comme des primates, dépourvus d'intelligence et sans langage compréhensible ou tout au plus un dialecte exotique, voir des cris aigus pour échanger entre eux ; vivant d'émotions fortes et d'instincts primaires, de survie (j'en connais intimement plus d'un qui me demande à chaque rencontre ce que je faisais dans ces pays de sauvages). Quelle n'est pas leur surprise quand ils débarquent et y trouvent parfois un meilleur confort que ce qu'ils avaient "chez eux" dont ils se vantent si fièrement, après tout ce qu'ils se sont imaginé. Ils y rencontrent de braves Hommes d'une intelligence égale à la leur avec lesquels ils ont des échanges mutuellement enrichissants et là, ils deviennent tout riquiqui ! Ils se font tous petits et s'éloignent disgracieusement de ce sentiment d'êtres suprêmes dont ils s'enorgueillissaient jusqu'alors. L'ennuie c'est que beaucoup ne font pas l'effort de se cultiver, de s'intéresser, d'apprendre à connaitre mieux ce qu'ils ont schématisé dans leurs esprits. Ils écoutent les dires des anciennes générations souvent descendants d'anciens bourreaux, ou alors des civilisations anciennes et totalement dépourvue de vision évolutive, saine et réaliste des faits. Celles où régnait le désordre de l'esclavage, des temps de domination, de stigmatisation ; les hypothétiques belles prouesses de noblesse et de victoires que l'histoire leur reflète et ne cherchent surtout pas plus loin. Ah non ! surtout pas ! Ils sont bien ainsi et ne veulent aucun changement dans l'histoire telle qu'ils l'ont créée, perçue, vécue ou connue. Leur position dans l'histoire leur est si confortable, celle de la beauté, de l'intelligence supérieure et de la domination, de la richesse et de la gloire, de la haine et du chaos face à celui qui a été soumis et qui a subi. Pourtant le monde a existé bien avant ce phénomène. Chaque société a bien commencé quelque part et celles d'aujourd'hui dites développées ont eu leur part de disgrâces avant d'y parvenir. Mais bien évidemment, elles restent bien cachées, ces sociétés ne mettent en évidences que ce qui est en leur avantage au vu de l'histoire et le brandissent fièrement tout en redorant leur blason afin que le monde en témoigne. Il est bien de choses horribles du passé qui restent enfouies et dont il faut en exhumer les cadavres pour mieux s'en informer. Des peuples entiers ont souffert. Des droits bafoués, des corps torturés, des individus humiliés, réduits à sang et à néant, des vies volées, des corps violés, massacrés. Je ne fais rien remonter à la surface, nous avons loupé une part de l'histoire et il faut la rétablir avec justice et sans mensonges. Ces ignorances et ces comportements découlent directement d'une transmission partielle, bourrée d'interprétations mais aussi et surtout celle des non-dits ! Une rétention d'information voulue et délibérée de manière à corrompre la réalité pour mieux s'agrandir, garder la première place du podium et continuer à se voiler la face. Ces peuples coupables doivent aussi soumettre ces atrocités perpétrées, les révéler au grand jour, les reconnaître et s'en repentir au même titre que ce dont ils sont fiers. Au moment où je vous parle, je me remémore encore une histoire ; j'ai fait une rencontre dans un parc de loisir où j'accompagnais souvent des enfants que je gardais pour dépanner leurs parents. Un gamin d'une dizaine d'année qui s'y trouvait également ce jour-là m'a posé une question pertinente pour étoffer cette situation, il m'a demandé tout innocemment si en Afrique on parlait le Français quand il a compris que j'en revenais. Son père tout penaud qui assistait à la scène et n'ayant pas réagi, sûrement parce qu'il n'avait pas la réponse aussi, je lui expliquai que l'Afrique était un continent avec différents pays et qu'il y en avait effectivement qui étaient francophones. Vous voyez jusqu'où l'ignorance peut nous mener ? Pour cet enfant, l'Afrique déjà devrait être un pays ; puis le langage reste exclusivement vernaculaire… pourtant avec toute l'histoire que cela comporte cela reste pour beaucoup inchangé. Pourquoi ces peuples sont-ils si mal perçus ? Non seulement inconnus, non sondés mais incompris ? Ces Hommes sont dotés de clairvoyance au même titre que tous les autres peuples du monde. Ils ont leurs racines, leurs histoires, leurs bases, leurs ancrages et leurs héritages. Ils apprennent les choses comme les autres, se forment, se perfectionnent, s'améliorent et interagissent aisément avec toutes les sociétés. Pourquoi sont-ils regardés de travers lorsque par exemple ils s'expriment dans une langue étrangère qu'ils se sont appropriée si bien qu'on leur en ferait éloges de ces capacités ? Tu perçois déjà là, une sorte de condescendance ! Chaque peuple tronque l'histoire en son avantage ou la refait en se parant de tous les mérites et honneurs au détriment des autres. Dans les esprits des uns guindés par leur érudition livresque et les témoignages ancestraux de mémoire souvent non vérifiés, ces peuples ne sont pas aptes à faire ce genre de choses comme parler leurs langages, porter un titre honorifique, faire preuve d'excellence et reconnaissance à travers le monde pour un record intellectuellement battu ! Tu comprends alors qu'il y a d'un côté des peuples qui s'attribuent à tort tous les mérites de gloire, de connaissance et de supériorité face à d'autres peuples qui, eux, doivent occuper les bancs des espèces reléguées au second plan ! Celles des inférieurs, des crasseux, des primates écervelés et d'idiots. D'où vient cet esprit malsain de dédain et d'abaissement ? Les mondes doivent s'écouter mutuellement et se cultiver sur les différences et les convergences mutuelles. C'est le seul moyen de se connaître et de sortir de ce cocon illustré de pensées imaginaires depuis la nuit des temps, de plus il n'y a pas de mal à se cultiver. On en apprend sur ses limites. Il y a aussi le revers de la médaille, certains compatriotes s'exporteraient vers certaines destinations en l'occurrence celles de l'Afrique (mais pas seulement) pour pouvoir donner libre cours à leur libertinage et vagabondage sexuel. Quel stupre ! Ces coins seraient si moqués, qu'ils sont catalogués (les connaisseurs et friands de luxure en usent et en abusent). Qu'est-ce qui n'a pas marché dans ces pays pour un tel laisser-aller ? A telle enseigne qu'ils y élisent domicile régulièrement pour satisfaire leurs sales besognes. Il s'agit là de la pédophilie, les viols de toutes catégories, des plans à trois, quatre et je ne sais diable quelles autres perversions à caractère inhumain qui ne trouvent leur réalisation que dans ces dit-lieux au grand bonheur de ces dépravés. Alors, ce n'est pas que j'ai un quelconque problème avec la sexualité des uns ou des autres, libre aux adultes consentants ! Grand bien leur en fasse. Qu'ils s'adonnent aux pratiques aussi avilissantes et dégradantes qui soient et qui les font le mieux jouir de leur existence si cela leur convient, mais ici, nous sommes tous concernés ! Il s'agit d'enfants, des mineurs, de l'avenir de peuple coincé dans ces abysses ! N'oublions pas que les enfants grandiront un jour et qu'ils occuperont notre place d'aujourd'hui. Les enfants ne sont ni des produits à rentabiliser ni des possessions quelconques en lesquelles on investit pour plus tard les exploiter. Ce sont des anges qui vivent à travers nous et notre seul devoir est de les accompagner jusqu'à ce qu'ils puissent s'envoler de leurs ailes...

Donnons-leur les armes nécessaires pour les combats à venir à mener. Parler d'armes serait un peu osé, il s'agit simplement de moyens éducatifs et d'une assistance équilibrée pour un monde meilleur. Protégeons-les et traitons-les avec respect, amour et empathie, ils ont une mémoire assez développée pour se souvenir de tout ce que leurs aînés leur ont prodigué et ressortiront un jour ou l'autre tout ce don pour s'en servir. Faisons en sorte que ce soit de belles choses agréablement mémorables plutôt que des tâches douloureuses indélébiles. Donnons-leur le meilleur de nous-même, c'est ça dont ils ont besoin. Pardon ? J'y suis mon cher, j'entends par là que les pervers qui se déplacent en masse vers ces destinations ; spécialement sous recommandations des membres de ces réseaux toxiques à la recherche d'un soi-disant exotisme ; et avec les idées bien fixes sur ce qu'ils viennent rechercher dans ces endroits précis. Ils le font parce qu'ils ont facilement accès à ces pratiques dans ces lieux sans être inquiétés des retombées de leurs actions. Ce sont des adeptes d'énormes organisations de malfrats friands de ces délits qui se sont fait voir le jour. Vous avez des sites internet spécialement dédiés à ces détournements si vous savez où chercher ! Croyez-moi, ils savent où chercher et ils trouvent ce qu'ils cherchent ! Le tourisme sexuel, la recherche de l'exotisme et de l'extase quel qu'en soit le prix, la réalisation des fantasmes les plus tordus, la consommation des drogues dures, la pédophilie, le trafic humains et sexuel pour ne citer que ceux-là. Ces nigauds ne méritent aucun respect puisqu'eux-mêmes débarquent en même temps que leurs idées préconçues perverses et dégradantes pour les lieux visités. Ce sont des coins instables souvent touchés par la corruption et la pauvreté, peu surveillés par les applicateurs de la loi et les divers organismes habilités à intervenir dans ces mafias ! Les différents actes délictueux. Si les contrôles semblent porter leurs fruits dans un premier temps, le répit est de courte durée car ces lieux sont beaucoup trop exposés à toutes sortes de pratiques illicites. C'est le paradis du dévergondage et du libertinage par excellence ! Tout est permis quand on y met le prix et encore parfois ça reste un échange de bons procédés.

Coulisses sombres et ténébreuses

Arfou me conta l'histoire d'un imposteur arrêté il y a peu par la police dans son quartier, non loin de sa résidence. Cet homme dont il me racontât les forfaits, venait d'un pays voisin et avait monté un commerce frauduleux et florissant. Un commerce qui cachait ses grands desseins. Tout ceci pour me faire comprendre que le mal ne vient pas toujours d'ailleurs, souvent il fait partie de nous-même, partie intégrante de notre société si bonnement défendue.

- Il se faisait passer pour un doué guérisseur ; une sorte de gynécologue traditionnel, capable de donner la possibilité aux femmes qui souffrent d'infertilité ou d'autres entraves gynécologiques ; de concevoir, entre autres arnaques similaires. Ces pauvres dames désemparées et accablées par ce manque, accouraient de toutes parts et faisaient la queue ; installées à même le sol à la porte de ce charlatan, du matin au soir, pour pouvoir le rencontrer, exposer leurs problèmes et de concert, trouver des solutions adaptées. Savez-vous ce que faisait ce monsieur ? Vous n'en reviendrez pas ! La bestialité a pris du grade ! Il a bien monté sa combine, il dépouillait ces chères dames de toutes leurs monnaies en les assommant moralement de fausses promesses de délivrance. Et quand il jugeait qu'il leur en avait assez soutiré, il les droguait avec une potion douteuse qu'il appelait expressément "l'élixir de vie" qui serait donc prédestinée à nettoyer toute consommatrice, de leurs saletés intérieures pour leur permettre la délivrance de leurs soucis respectifs et réaliser ainsi leurs vœux les plus chers. Tels étaient ses propos. Après ce travail psychologique digne du grand manipulateur qu'il était et cette substance ingurgitée par ses proies potentielles, ces malheureuses tombaient dans les vapes et étaient entièrement à sa merci ! Livrées à cet ignoble personnage dans l'intimité de ses appartements, qui en faisait ce que bon lui semblait. Il les violait, les humiliait et faisait toutes sortes d'ignominies inimaginables avec leurs corps engourdis et inconscients tout en filmant la scène avant de passer à sa prochaine victime. Ces femmes sont si humiliées, trahies et brisées à la fin, qu'elles ne peuvent pas en parler. Elles sont condamnées au silence douloureux et à l'extinction lente de leurs vies. Il a longtemps sévi avant de se faire prendre… Entre ceux qui concoctent des potions soi-disant magiques auxquelles ils ajoutent des drogues ou des comprimés dopants et ceux qui soumettent les autres à les idolâtrer en leur faisant croire qu'ils sont tout-puissants et qu'ils détiennent un pouvoir sur leur vie, on ne s'en sort plus. Certains fabriquent des poudres faites de feuilles, de racines, de plantes diverses, d'écorces et de je ne sais quels autres ingrédients qu'eux seuls connaissent et dont on ignore la véritable portée sur le corps puis les servent à leurs clients ignorants comme étant des remèdes miracles. Ces cobayes prennent ces produits et les avalent les yeux fermés sans jamais poser de questions sur la posologie ou la composition. Quand bien même ils viendraient à le faire, ces chimistes improvisés évoqueraient le secret du connaisseur à ne pas divulguer. D'autres enseignent leur savoir-faire de manière péremptoire à leurs sujets pour perpétuer le vice dont ils sont auteurs.

Quand il a été mis aux arrêts et a bien été cuisiné par la police, il a fini par cracher le morceau. Sa combine consistait à acheter des reins frais d'animaux dans une boucherie, puis une fois que la cliente victime rongée par le désespoir et le désir d'enfanter est embobinée, rackettée et assez travaillée psychologiquement pour se prêter au jeu, il lui faisait comprendre qu'elle aurait des blocages dans son utérus et qu'il faudrait qu'elle se mette en tenue d'Ève pour qu'il procède à un éventuel traitement. Partagées entre le doute, le désespoir et l'atteinte d'une félicité après tant d'attente, ces femmes s'exécutaient en se disant que ce n'était qu'une étape à franchir et qu'après quoi, elles obtiendraient satisfaction. Elles acceptaient alors sa demande et se déshabillaient volontairement. L'agneau se livrait au loup et se grillait pour lui assurer un bon festin. Vois-tu ce qu'une manipulation peut engendrer mon cher sur un être affaibli par le désespoir ? Affligé par le désarroi ? Eprouvé par la vie ? Ce sont là les œuvres de pervers narcissiques, sadiques et masochistes. Il n'est plus simplement question d'extorquer des faveurs sexuelles en violant les corps ! On est ici à un degré culminant des choses ! Faire mal à l'autre, le manipuler mentalement, le dominer, le détruire, l'humilier ! Il y a également le viol psychologique qui lui est associé. C'est de cela dont il est question mon ami. Ces criminels ont besoin de voir l'autre suffoquer de douleur, de honte, de culpabilité et de déshonneur. Ils tirent leur plaisir et leur satisfaction dans la souffrance culminante et l'humiliation invivable de l'objet de leur domination. Imagine-tu la douleur de ces victimes ? Elle frôle la folie ! Ce dernier, lui, cachait soigneusement ce rein frais dans sa poche et se mettait à caresser les partis intimes de sa proie avec sa main dégoutante en faisant passer cet acte pour un massage thérapeutique. Le pervers ! Bien-sûr les femmes se laissaient faire, puis dans le feu de l'action et toujours dominant le corps livré de sa victime inerte et pleine d'espoir, il enfonçait ses doigts dans son temple qu'il ressortait chargés de ce bout de chair qu'il portait depuis le début en lui faisant croire qu'il provient de son utérus et que c'est ce qui l'empêchait jusqu'ici d'enfanter. Beaucoup n'y ont vu que du feu ! En plus de la violence morale, du traumatisme physique de l'acte causé par cet ignoble animal et de la surprise désarmante des méfaits accomplis qu'il leur mettait sous les yeux les laissant sans voix ; elles subissaient cette torture psychologique en silence et même avec une certaine résignation, cela pour la bonne cause. Elles se sont faites abusées à plusieurs reprises en pensant trouver la délivrance. Vous rendez-vous compte ? Mais comme il ne jouissait pas assez de mettre ses doigts infectes et de les humilier en leur fourrant des morceaux de viande dans les parties intimes de ses victimes, il finissait par les droguer. Eh oui ! Il droguait ces chères de la substance qu'il assimilait à une potion guérisseuse et nécessaire à leur soin durant le rituel. Elles se l'avalaient sans se poser de question et quand elles tombaient raides sous l'effet de la drogue du violeur invétéré, il les étendait sur sa natte, au sol et se masturbait sur leurs corps. Il en disposait comme il le désirait devant l'objectif d'une caméra et sous l'œil complice d'un assistant aussi diabolique que lui qui filmait et immortalisait les faits.

- Quels sadiques pervers !

- C'est peu de le dire ! Il opérait tranquillement et ses proies se livraient toutes seules à domicile puis le payaient pour, en retour, se faire violer.
  Sa dernière victime a fini par parler souffrant de harcèlement moral et de racket sans arrêt par ce type avec pour moyen de pression la satanée vidéo de sa pratique monstrueuse sur elle qu'il menaçait de diffuser s'il lui prenait l'envie de le dénoncer ou de ne pas coopérer. Il leur a vraiment tout pris ! Leur identité individuelle, leur dignité, leur valeur humaine et leur respect. Il les chosifiait, les déshumanisait et en faisait ce que bon lui semblait. Quand elles finissaient par comprendre, il était trop tard ! Le mal était déjà fait et plus possible de revenir en arrière. Il fallait désormais que ces femmes vivent dans la tourmente, la détresse et la dépression pour le restant de leurs vies. Avec l'appréhension du qu'en dira- t-on si cela venait à se savoir, la peur du jugement, la honte, le poids du regard des autres, la sentence de la société, la torture de la persécution et l'abattement psychologique suite à toute cette tourmente. C'est la dégringolade ! Certaines, à bout de force, finissent par se tuer et d'autres devenues résilientes ; plus braves par la force des choses, dénoncent les faits pour survivre malgré les conséquences auxquelles elles s'exposent de ce fait. C'est sûrement un promotionnaire de ce tortionnaire arrêté dans le pays voisin il y a peu. Leurs pratiques machiavéliques présentent pour ainsi dire, quelques similitudes assez perturbantes.

- Ces pratiques soi-disant palliatives ou dites de médecine douce (mon œil ! Ce serait plus juste de parler de crime barbare) et administrées par de sombres malfrats, si elles étaient vraiment licites ; devraient être déclarées, avoir pignon sur rue et être taxées comme le sont toutes les autres activités légales du pays. Il y a de belles leçons à en tirer pour ces dames ; pour peu qu'elles soient conscientes mais aussi pour les administrateurs de ces lieux.

- Non justement, elles ne le sont pas mais pourtant, elles sont tolérées et approuvées, ce qui laisse le champ libre à toute sorte de déjanté de donner libre cours à ses idées les plus sombres et fantasmes les plus sordides. Pour ce qui est de la conscience, rien n'y fait ! Elles sont si terrées dans leur obstination et aveuglées par de vaines promesses ces crédules ! Obnubilées par leurs propres hantises et leur recherche insatiable de réponse absolument et de réconfort pour se conforter dans leurs doutes. Il n'y a rien à faire lorsqu'une personne s'entête, la seule chose qu'elle est capable de comprendre c'est la leçon ! Pour peu qu'elle puisse être assez solide pour en tirer. Pour ce qui est des dispositions prévues par la loi, vous avez raison de le suggérer. Tous ces charlatans déserteraient si on les dénonçait et si cette technique était appliquée. Le fait est que les choses se présentent beaucoup plus complexes à ce sujet. Tout le monde (ou presque) trempe dans le système. Vous avez le foot au Brésil qui incarne le mieux cette situation ! Ici c'est un autre sport ! C'est un sport national, un mouvement collectif. Cela reviendrait à dire que supprimer ces vautours de la circulation, priverait de fervents croyants et adeptes de ces pratiques. Celles qui de surcroît incluraient des individus hauts placés de la société ; cela les ôterait de leurs jeux de cache-cache. En un mot, c'est tout bonnement impossible ! J'ai d'ailleurs un cas plus qu'intéressant à ce sujet, nous sommes par ici plus exposés qu'on n'y paraît. L'apparence est parfois trompeuse… Derrière ces portes dorées, si bien fermées et gardées, se passent des choses invraisemblables, inattendues et qui dépassent tout entendement. Une bonne dame qui habitait dans le voisinage, s'est fait une réputation sur plus d'une vingtaine d'années de pratique dans ce domaine. Pas qu'elle soit actrice ou coupable, non, loin de cela. Étant libre de vouer sa vie à ce que bon lui semblait, elle en a fait son choix. Je dirais même que c'est une victime irrécupérable. Son compagnon, un homme honorable et respecté de tous. Cette personne douce, patiente et

perspicace dont la passivité exagérée m'interroge et me surprend encore ; n'a hélas pas su taper du poing sur la table pour arrêter cette mascarade ni déteindre son côté cartésien d'homme au sang froid sur elle. Comment tout ceci a-t-il pu lui échapper à ce point ? Il aurait dû stopper net tout ce cirque ! Au lieu de cela, il a fermé les yeux. Il n'est jamais trop tard sans doute mais le mal est fait, le temps s'est écoulé et il y a beaucoup trop à rattraper...
Ses enfants n'ont pas su la raisonner. L'emprise qu'elle exerçait sur eux était telle que rien n'y faisait. De loin rien ne semble entacher cette harmonieuse atmosphère, ils ne manquaient de rien sans considérer les problèmes communs de la vie de tous les jours qui peuvent interférer et affecter tout le monde, c'était une famille exemplaire à tout point de vue. Le malin s'y est glissé progressivement. Quand on y creuse un peu plus et que s'effrite le vernis lisse de cette si belle apparence, figures-toi qu'on y trouve la faille. Personne ne déroge à la règle, quand on est à la recherche de l'inatteignable, il y a un prix à payer ! Il manquait le contentement.

- Je ne puis me résoudre à ces fins en de telles circonstances mais viens-en aux faits très-cher ! Il me tarde de les connaître.

- Tu vas me dire que ce n'est rien comparé à d'autres faits plus importants mais tu verras que chaque faille a son importance en réalité.
Nous voudrions tout avoir pour pouvoir commencer à apprécier la vie alors même qu'en ayant la vie, nous avons la possibilité de pouvoir tout apprécier tous les jours. Tout explorer ! Changer, tomber, nous relever, recommencer…
Cette bonne dame a trouvé le moyen de vouloir en chercher plus en s'initiant à ces sombres pratiques illusionnistes remplies de mirages, de charlatans, de faux marabouts, de diseurs de bonnes aventures... Son degré d'intégration à ces jeux dangereux était tel qu'elle les collectionnait ! Elle commençât à les fréquenter dès son plus jeune âge et au fil du temps, c'est devenu comme une drogue pour elle. Une sorte de dépendance, elle en était devenue accroc et ne

pouvait plus décrocher. Elle ne pouvait plus s'en défaire. Cette dame hébergeait à tous frais, un nombre incalculable de ces messieurs et dames tant qu'ils répondaient à ces noms prophétiques qu'elle adulait tant ou qu'ils prétendaient avoir un certain don, gri-gri, fétiche, pouvoir ou secret quelconque à partager. Elle aimait le mystère ; les sortilèges, la voyance et le pouvoir mystique. Le pouvoir de l'illusion que lui vendaient ses faux amis. Celui rêveur du prestige illusoire ; de prospérer, de contrôler ou de dominer grâce aux supposés pouvoirs secrets. Son foyer était alors une case de passage ouverte à toutes les espèces. L'un après l'autre, elle a fait entrer les loups dans la bergerie. Elle leur livrait sa vie sur un plateau d'argent leur ouvrant ses tripes, ses faiblesses et tous ses secrets ainsi que ceux de sa famille tout en leur confiant la tâche (évidemment impossible) de la sauver. Elle étalait ses secrets et ceux de ses enfants, puis payait ces faux officiers cérémoniaux pour qu'ils en fassent bon usage. Malheureusement ils ne sont pas muets comme des tombes. Ils n'avaient alors plus qu'à s'en servir contre elle ! Il faut reconnaître qu'après son exploit, il y a du choix pour ces sans foi ! Pas de secret professionnel et aucune pitié pour qui se jette en pâture… Sauver de quoi ? Seule, elle le savait car dans le monde réel, celui dans lequel vous et moi gravitons, rien n'explique vraiment que cette personne s'expose à de telles pratiques. La seule explication plausible est que c'est seulement dans sa tête que les choses se passaient ainsi. Elle se sentait menacée, poursuivie, pourchassée, persécutée par des ennemis invisibles qui lui voudraient du mal à elle et à ses êtres chers. Je conçois et comprend parfaitement qu'il y ait dans la vie, des êtres insidieux, des jaloux et des envieux qui seraient à même de faire du mal ; mais sans tomber dans l'excès, les mesures de protection doivent rester réfléchies, lucides et rationnelles. Ici, nous sommes à un autre niveau.

- C'est d'un trouble pathologique dont tu parles cher ami ? La schizophrénie ou la paranoïa ? Je me moquais de sa moue pour lui laisser suivre le cours de cette édifiante histoire.

- Laisse-moi rire mon cher, tu ne me laisse vraiment aucun répit ! Ce n'est point cela, elle s'est laissée prendre à son propre jeu.

- Je suis sérieux ! Ce dont elle avait vraiment besoin, cette bonne dame, c'était d'une bonne thérapie cognitive-comportementale. Un petit éclairage aurait suffi... Un bon thérapeute lui aurait liquidé ces angoisses qui tournaient au délire obsessionnel. Elle aurait compris bien assez tôt les choses ; se serait garder des dangers d'une telle exposition, aurait économisé son temps, ses sous, se serait protégée (elle et sa famille) des importuns qui fourrent leurs nez partout et le jeu en aurait valu la chandelle !

- A qui le dis-tu !? Quoi qu'il en soit, il en était ainsi crois-moi ! Quand bien même ces supposées menaces seraient réelles et fondées, comment expliques-tu le fait de se réfugier derrière une ribambelle de prétendus charlatans et marabouts pour régler cela ? C'est irrationnel ! Depuis la nuit des temps, les hommes se livrent des guerres ouvertement ou pas ! Les ennemis sont des personnes soit jalouses soit envieuses pour des milliers de raisons possibles ! On les combat en étant prévisible et en évitant, dans la vraie vie, les coups qu'ils peuvent nous porter ; quand on le peut. Quand cela devient impossible, on les affronte pour en découdre. Et s'ils se révèlent au grand jour, que cela s'avère dangereux ou mortel, eh bien ils annoncent clairement la couleur ! Cela facilite le jeu, on fait appel aux services compétents pour régler le problème ! Les lois et les règles en vigueur doivent remplir leur rôle quand il le faut, elles sont là pour cela non ? On ne fait pas appel aux services mystiques d'un prétendu marabout pour "sauver sa famille" d'un problème purement fictif ou qui le semble être. Il ferait quoi sinon ? Envoyer un scud invisible ou un missile imaginaire à longue portée pour bombarder l'ennemi ? Ou transférer des ondes spirituelles pour le désarmer à distance ? Quoique cela peut tout aussi bien être des lances fictives ou des flèches qui le seraient tout autant ? Il y a du choix mon ami, comme je le disais tantôt ! Parmi ces charlatans vous avez des voleurs, des escrocs, des violeurs, des pédophiles et un tas d'autres mauvais bougres

indescriptibles. Dès lors qu'ils se donnent ce titre de maîtres connaisseurs qui la charme tant, elle leur faisait une confiance aveugle en se jetant dans la gueule du loup et leur donnait le passe-droit en les introduisant dans son intimité. Chacun de ces aspirants bénéficiait d'un traitement exclusif digne de roi et retournait chez lui les bras chargés de présents colossaux, de sommes exorbitantes et de reconnaissance infinie en guise de remerciement. Elle signait des pactes à vie cette généreuse donatrice, la bienfaitrice facile qui appuyait sur la gâchette dès lors qu'un problème de vie se posait et lui titillait sa psychologie. Je ne saurais vous dire de quoi elle les remerciait et bien-sûr ces remerciements se renouvelaient à chaque coup de fil passé. Ils se sont bien payé sa tête ces scélérats mais on ne peut leur en vouloir ; c'est elle-même qui le demandait. Elle a exposé ainsi sur des décennies son foyer et ses enfants à de malheureuses perversions entraînée, flattée et divertie par de doués inconnus mal intentionnés. Son mari est passé à côté de sa vie et de tous les prestiges, les occasions en or et les mérites qui n'arrivent qu'une fois dans une vie dont il aurait pu jouir ou bénéficier mais qu'elle a entravés, dilapidés et trahis par ce biais. Ce travers qu'elle aiguisait chaque jour a vraiment fini par tout bousiller. Elle passait des commandes de services mystiques au-delà des frontières et à force, elle a fait le tour de tous ces pratiquants ; exposant ainsi sa vie, ses secrets et ceux de sa famille à d'illustres inconnus sans jamais réussir à réaliser aucun de ses rêves. Ce qu'elle ignore c'est que tous ces bonhommes sont souvent dans un cercle fermé et se nourrissent de personnages comme elle. Ils se connaissent pratiquement tous. C'est souvent un organisme de malfrats organisés. Ils font des réunions et s'échangent des secrets sur leurs clients respectifs comme le ferait un chef d'entreprise avec ses employés pour assurer la bonne marche de ses activités. Ils en viennent même à monter des coups ensemble ou à se refiler des contacts quand ils ont soutiré ce qu'ils pouvaient pour déserter les lieux, passer à autre chose. De source sûre il y a eu le démantèlement d'un grand et dangereux réseau criminel de personnes qui s'adonnaient exclusivement à ce genre de pratiques sur le territoire. Ceux-là étaient encore plus pervers car ils violaient femmes et

enfants de leurs mécènes. Ce qui les a conduits à leur déclin. Croyez-vous qu'en échange de tous ces bienfaits et gratifications qu'ils reçoivent, ils donnent en retour une quelconque aide qu'elle soit physique, psychique, mystique ou spirituelle à leurs victimes ? Ces escrocs qui, en majeure partie ne possède aucun don à part celui de tromper ; dès lors que vous leur livrez votre vie, se jouent de vous psychologiquement et vous sucent jusqu'aux os. Ils vous prennent la seule chose qui les intéresse et les lie à vous ; tout votre argent et vos biens matériels en plus des demandes intarissables de bêtes destinées aux soi-disant sacrifices et offrandes pour la fictive réalisation de vos vœux (celle qui jamais n'arrivera pour beaucoup). Dès que vous tournez les talons, ils se moquent de vous et rient de votre naïveté puis vaquent à leurs vies sans plus y penser. Ils ont d'autres chats à fouetter. Ils revêtent leurs costumes d'arnaque dès que vous reprenez contact avec eux et en votre présence, se prêtent à des pratiques rituelles savamment montées pour vous en mettre plein la vue et ainsi pouvoir continuer à vous manipuler pour mieux vous détrousser. Ce faisant, elle s'est activement employée à se fermer des portes qui à la base étaient grandes ouvertes. Le secret de polichinelle... Ces taupes ont des connaissances et dispatchent les informations qui seraient susceptibles d'aider à bloquer les choses au lieu de les faire arriver ; dans le cas où elles tombaient dans la mauvaise oreille. Elle a ainsi fait des confidences sur tout en se mettant inutilement en danger.

Le plus grave c'est qu'elle n'avait aucune source de revenus participative pour le bien-être général de son foyer, elle s'est toujours employée à dilapider les bien que les autres ont fourni l'effort d'apporter et s'arrangeait à y avoir des coudées franches. Elle vivait au crochet des autres par chantage affectif, ce lien lui conférait tout son pouvoir. Elle dominait, abusait de sa position ou plutôt celle qu'elle s'est attribuée avec le temps par aliénation mentale au détriment du bien-être de sa famille. Ses enfants ont vécu sous ce traumatisme chronique et cette pression incessante de malédiction imminente s'ils venaient à lui désobéir ou à aller dans son contre-sens. Elle est allée trop loin, c'est elle qui décidait s'ils mangeaient ou non et qui allait manger ou pas ! Des martyrs

ma foi ! Quand on vous tient par ce qui vous fait peur ou devant ce que vous aimez le plus, vous devenez comme des enfants devant les bonbons. Vous répondez au doigt et à l'œil. Ils l'estimaient tellement, que lui faire plaisir était le seul but de leur existence, juste pour la récompense d'être bénis en retour, un jour. Quelle tristesse !
Elle leur a ôté leurs personnalités et leur estime de soi, ils n'existaient que par sa personne car c'est elle qui décidait de tout ce qu'il fallait faire pas. Bien sûr, ils étaient tous entrainés dans ces pratiques malsaines. A la fin, ces enfants sont si dénués de sens critique, de libre arbitre et de leurs personnalités qu'il leur est très difficile de vivre leur propre vie, seuls et à leurs propres manières. La dépendance dans toute sa splendeur. Vous imaginez le temps de reconstruction pour ces traumatisés, dénués de personnalité ? Sans parler du manque de confiance en soi, en les autres et aussi de la peur de l'indécision et de l'environnement nouveau, de l'autonomie. Le chemin est long ! Encore faut-il qu'ils en aient pris conscience si non, c'est plié ! Définitivement.

- Une petite parenthèse cher ami ! Ces caractéristiques rappellent celles du narcissique ou du pervers narcissique. Il peut être un ami, un copain, un conjoint mais c'est aussi un parent. Ces relations toxiques de dévalorisation quotidienne, de harcèlement, d'humiliation et de violences physiques et/ou psychologiques ; entretenues avec les rejetons, leur valent de sévères troubles psychiatriques. La maltraitance n'est pas forcément physique, l'ignorance aussi peut faire autant de mal dans le développement des enfants. Cela les handicape, les désarmes de leur confiance, de leur courage et de leur bonne volonté. L'enfance est le meilleur endroit pour un être de se construire sur des bases saines, bienveillantes et avec amour. S'il stock des expériences malheureuses et dévastatrices pendant ces moments, elles lui laissent une empreinte indélébile. Cela altère le cerveau et mène à la délinquance, des TOC, de l'autodestruction, de la dévalorisation, la recherche de relations toxiques en effet miroir, un manque d'estime et d'amour pour soi, des difficultés de se construire, de construire des relations saines, de s'aimer, une recherche permanente de validation mais aussi un terrible manque de confiance en soi. On pouvait l'imaginer. Aujourd'hui on le sait avec la science. Le cerveau de l'enfant étant très immature, il est beaucoup plus sensible au stress que celui de l'adulte. Les humiliations verbales et physiques qu'il subit très fréquemment, provoquent un stress qui stimule l'amygdale cérébrale et déclenche alors la sécrétion de cortisol et d'adrénaline. Chez l'enfant, quand le cortisol atteint des niveaux très élevés ou est sécrété de façon prolongée ou répétée ; il peut être très toxique pour les neurones (la myéline) - la transmission entre les neurones - les circuits neuronaux et certaines structures cérébrales en développement. Le punir, lui dire qu'il est méchant c'est de la maltraitance émotionnelle (tu es méchant, tu es vilain, tu n'es pas gentil). Toutes les paroles dévalorisantes, la critique, la honte, le rejet, l'isolement… Tous ces mauvais traitements causent de terribles dégâts parfois irréversibles. Subis à un âge très bas, ils se répercutent plus tard dans sa vie d'adulte et entravent son épanouissement. Les humiliations, mutilations, sévices corporels, toxicité comportementale, punitions verbales (tu n'es pas assez ceci ou pas assez cela ; les comparaisons…) exposent indubitablement l'enfant qui les subit à un stress aigu, le déconstruisent, le détruisent et plus tard le conduisent à son auto-dévalorisation. Il se dit et se sent incapable, pas suffisant et jamais assez bien pour faire les choses ; il perd toute confiance et tout repère. Le schéma a des chances de se reproduire si toute fois il ne sort pas du cercle vicieux, se retrouver dans les mêmes rapports avec les autres dans sa vie d'adulte est aussi possible sans aide psychologique. Le pervers narcissique en tant que parent utilise et abuse son enfant. Il s'allie toujours à un associé qui lui succèdera et il est difficile de s'en sortir tant l'emprise et son empreinte sont de portée puissante et dévastatrice. Ses relations sont toujours dans le but de calmer ses peurs, de combler ces manques affectifs, de boucher ce trou émotionnel peu importe l'issue ou la nature de ces relations.

- Merci pour ton éclairage mon vieux ; en effet on peut mieux comprendre les choses ainsi présentées. En fin de compte, elle se retrouve sur la paille et même ses détracteurs, sauveurs et faux amis qui, jadis, se faisaient passer pour ses alliés, fidèles au front et prêts à l'aider contre rémunération ; qui ont abusé de sa naïveté et de sa générosité, ont décampé vu qu'elle était fauchée. Ils ont disparu puisqu'il n'y avait plus rien à gratter, plus rien à en tirer. Elle aurait mieux fait de choyer ses chérubins et d'investir dans un commerce ou un travail quelconque à la place. Cela lui aurait occupé utilement son temps tout en lui assurant une vie descente et un revenu. Ces pratiques acharnées en lesquelles elle seule trouvait un sens, l'ont marginalisée, détournée et dépouillée inutilement. Elle s'est entêtée à croire en ces mensonges avec une telle ferveur qu'elle a fini par y voir une vérité et y a consacré sa vie ; délaissant ainsi ce qui importait le plus, sa famille (jetée en pâture), sa vie puis son rôle en société et son bonheur en fin de compte. Le temps a passé, les enfants ont grandi et ceux qui ont pris conscience, en ont eu pour leurs frais. Le socle sur lequel elle reposait, était la bonne réputation de son partenaire qui était admiré tant il était exemplaire. Contrairement à cet homme, discret et endurant ; c'était une personne égoïste possédée d'un narcissisme légendaire. Elle savait tout mieux que quiconque et n'écoutait aucun commentaire qui s'opposait à sa raison. Sa raison valant mieux que celle de tous à ses yeux. Personne ne devait briller quand elle était là, il ne faudrait surtout pas lui voler la vedette. Prête à tout pour faire la une lors des rassemblements et se faire remarquer. Elle pouvait subtiliser les bien d'autrui pour donner ou s'endetter juste pour épater la galerie - faire publiquement des cadeaux, distribuer des billets aux griots qui toute leur vie, passent leur temps à faire des éloges de tout ce qui peut émettre des sous - La gloire et la renommée l'aveuglaient. Elle n'existait que dans ces moments où elle se faisait voir telle qu'elle désirait être vue "dans la générosité orchestrée et démesurée mais surtout assistée". Le monde devait voir et témoigner de ses largesses mais aussi savoir qu'elle donnait, c'était très important. Cela me fait penser à des campagnes électorales. Pourtant c'est aussi une charmante personne, véritablement généreuse. Si tu lis entre les lignes tu verrais qu'elle s'est engouffrée dans ces abîme par sa bonté, sa crédulité et sa naïveté, l'insécurité latente, sa peur de vivre l'inconnue, la peur de perdre ce qu'elle a, l'angoisse perpétuelle et la recherche d'une source qui puisse la rassurer, la conforter dans ses propres idées de conception de la vie et lui garantir la pérennité de tout ce qu'elle croyait détenir, posséder et pouvoir contrôler. Sauf que la vie et les personnes sont impossibles à contrôler ; tout change tout le temps et il faut s'adapter et faire avec. Elle aurait pu briller de millions d'autres façons honorables possibles mais ce côté obscur de sa personnalité qu'elle s'est entêtée à forger en y laissant toute son énergie, a fini par avoir raison d'elle avec le temps. Le reste est de savoir si le temps lui a fait la leçon.

- Quel incroyable récit, j'en suis scotché ! Il n'y a pas de source de lumière sans contentement, la majorité court après des chimères mais alors dans ce cas précis, il n'y a rien qu'on puisse faire... Que voulez-vous, on a besoin de rêver car la réalité est parfois trop dure à supporter, même quand elle est belle. Trop belle ! C'est le trop qui est pire que le trop peu…
Le monde vit dans le déni de nos jours, c'est flagrant ! Et tous les moyens sont bons pour arriver à ses fins ! Tu m'étonnes que ce genre d'individus puisse continuer à sévir quand je me rends compte qu'avec l'existence de ces proies faciles c'est du tout cuit pour eux ! Leur présence est encouragée tant qu'ils se sentiront sollicités et rien ne semble les arrêter apparemment. Le diable vit sur Terre, ne le cherchons plus ailleurs, l'homme lui seul est capable de tout.

- Je t'avais prévenu cher ami. Les apparences sont trompeuses et cette histoire n'en est qu'une parmi des milliers d'autres et toujours plus surprenantes et plus aberrantes les unes que les autres. Ce sont des pratiques très courantes. Le bain de jouvence de la société, son tremplin, son revivifiant. Cela donne du croustillant à la vie de temps en temps. Beaucoup le font dans la discrétion et quand ça éclate, c'est que l'arnaque est poussée trop loin. C'est souvent trop tard pour sauver les victimes, le mal étant déjà fait. En plus de quoi voulez-vous les sauver ? D'elles même ? C'est un puits sans fond et c'est très vicieux. Le lendemain elles y retourneraient.

Tu sais quoi, elle s'est laissée entraînée et bernée par ce mouvement qui concerne uniquement ceux qui manquent de confiance en soi. L'étoffe de ceux qui se reposent lâchement sur des faits qui ne trouvent en réalité leur sens que dans leur imagination. Comme on se sent bien seul au milieu d'une foule d'amis parfois n'est-ce pas ? Comme toutes ces obligations mondaines et ces attroupements nous lassent par leur superficialité... On se réfugie alors dans un monde imaginaire pour s'y soustraire ; ce monde qu'on se crée de toute pièce.

Mais elles sont fermes, une fois prises au piège, elles croient vraiment en ce leurre et prêtent le rôle de leur sauveteur imaginaire à qui veut l'endosser. Alors les charlatans ne sont pas bêtes, ces puissants personnages habiles et éloquents entrent majestueusement en scène et prennent simplement ce qu'on leur offre sur un plateau. Du tout prêt à être mangé. Pardonnez mon ironie, comprenez-moi, j'en suis tellement écœuré.

Ces victimes vivent quelque part un mal être mental non cerné, un vide à combler. Elles sont si accaparées et leur désespoir est tel qu'elles cèdent à n'importe quelle folie, du moment qu'elle leur allège illusoirement leurs souffrances et accessoirement la conscience, pourvu que cette dernière les soulage et donne un sens à leur existence.

- A ce sujet, j'ai connu une dame également très butée. Nous avons longuement parlé de sujets divers, des religions (c'est récurrent ! C'est sans cesse au centre du sujet), des pratiques sectaires mais aussi de ces filous manipulateurs prêts à tout pour parvenir à leurs fins. J'avais l'impression de me prendre un mur à chaque fois qu'on échangeait. Elle ne portait en elle, aucune tolérance et aucun regard vers l'extérieur pensant avoir la science infuse, le savoir absolu ! Il semblait même que parfois c'est ce qu'elle sait qui soit la seule vérité valable. Le seul qui pouvait avoir raison, c'était elle. Face à une personne endoctrinée, psychorigide, braquée, campée sur ses idées, pas ouverte du tout, qui a forcément raison et qui de surcroît nourrie ses certitudes et idées arrêtées de croyances erronées comme des rêves prémonitoires ou les à peu près tâtonnements de voyants, charlatans et marabouts diseurs de bonnes aventures ou même de l'astrologie, il n'y a pas de discussion possible. S'il arrive qu'il y ait de coïncidences entre les dires de ces charlatans, mages ou astrologues et les véritables faits avérés, je trouve ridicule et désespéré de s'en remettre à de telles informations et pratiques pour guider et gérer une vie avec ses relations. Cette personne demeure irraisonnable pour la simple raison qu'elle ne cèdera la raison qu'à ses croyances et connaissances pourtant limitantes et peu fondées en majeure partie.

- Cela ne me surprend pas, elles sont souvent convaincues et fermes ! Il est alors difficile de leur faire entendre raison. Le milieu de vie d'évolution de ces personnes, leurs croyances coutumières et culturelles, religieuses et sociétales et leur éducation familiale, environnementale et sociale y sont pour quelque chose ! Alors même que tout individu évolue ainsi dans la vie, il est important de porter en toute chose un regard ouvert et rempli de jugeote sans pour autant rejeter toutes ses valeurs. Ce sont elles qui font de nous ce nous sommes. Le bon sens fait appel à la mesure et au discernement, en gardant la tête froide, nous avons toutes les armes en nous pour nous défendre et il s'agit dans ces cas de bien savoir s'en servir. Ces manigances sont une sorte de placebo qui répare ces soucieux de leurs soucis autan physiques que psychiques. C'est quitte ou double, soit la réalisation ou l'accomplissement des faits escomptés réside dans la patience même ; alors dans ce cas il faut juste attendre ; le temps remet les choses à leurs places et le pratiquant n'y est pour rien ; soit il s'agit d'un coup de poker et s'il arrive que ça marche, on s'en remet aux grands pouvoirs du fameux pratiquant qui pourtant n'y est toujours pour rien. Ils ont besoin d'y croire et comme ils y croient fermement, ils ordonnent par là même à leur esprit, leur cerveau de fonctionner ainsi et le processus enclenché fait son travail tout naturellement. Le corps a des pouvoirs insoupçonnés et sait s'adapter aux diverses situations. Il accepte ce que tu lui dictes et pense ce que tu lui fais percevoir comme réel. Ce que tu crois est pour lui, ce qui est. Cela se passe même inconsciemment. La nature quelque fois reprend ses droits en usant de sa spontanéité dans l'urgence ; dans ce cas le cérébral te sort au plus vite la solution qu'il juge la plus adaptée dans l'immédiat pour une circonstance précise. C'est un travail sur soi-même en même temps que sur son environnement.

- Nous n'allons pas changer le monde, c'est un rêve ! Tout le monde en fait qu'à sa tête ! Nous pouvons juste espérer que quelqu'un suive nos petites traces et surtout crie plus fort pour que plus de monde l'entende afin de répandre la poudre magique. Tous ces illusionnistes, ces vendeurs de rêves, ces charlatans, ces marchands de tapis, ces jeteurs de sorts et fabricants de sortilèges déguerpirons plus vite qu'ils ne sont apparus. Te rends-tu compte du scandale si ces derniers avaient vraiment pignon sur rue ? Leurs clients et visiteurs se hâteraient chez-eux et de dire : je viens pour commander un malheureux sort à jeter à la famille bélier... et tel autre dirait : un sortilège puissant à envoyer à la famille taureau... on n'en finirait plus.

- Oh cela ne serait point un scandale mon cher ! Ces pratiques bien ancrées dans les mœurs n'auraient que si bien leur place. Cela surprendrait sans doute au début de les voir avec des pancartes indiquant le lieu et la fonction du charlatan (sortilège d'amour, mauvais sorts, argent facile, bonheur à vie…) mais avec du temps ça ne serait qu'une passade. Ils aiment vivre ainsi. Ils adorent les diseurs de bonnes aventures et les faiseurs de sorts ; ils ne perdront jamais vraiment leurs places dans ces sociétés car il y en aura toujours pour solliciter leurs services mirageux. Ils vivent dans un puits sombre d'ignorance d'où nul ne pourrait les y extraire sinon eux-mêmes. Mais qui sait ? Peut-être serions-nous en tort cher ami ? Et devrions-nous parfois laisser la place à ce doute et ne pas chercher à tout expliquer ? Peut-être existe-t-il de grands maîtres, de puissants connaisseurs ? Ceux qui, par leur authenticité et leur sincérité ont exploré puis rencontré le divin en eux. Ceux-là seraient clairvoyants et ne chercheraient pas à tromper. Ils useraient de leurs pouvoirs pour sensibiliser et guider. Si la grande majorité ce sont des malfrats qui agissent dans ce sens pour extorquer de l'argent, il se trouve sûrement parmi eux de vrais connaisseurs, des personnes douées de quelque chose qui se trouve peut-être hors de notre portée... Quoi qu'il en soit, il y en a qui font du bien à ceux qui, en face d'eux, sont en détresse. Si tel est que chacun en tire un bienfait escompté, pourquoi pas après tout ? La récompense dans ce cas-là est amplement méritée. Essayer de comprendre l'existence ou d'y remettre de l'ordre serait comme vider les mers à l'aide d'un verre.

- Tiens ! J'en ai une bonne pour vous ! Celle-là, c'est la meilleure et vous m'en direz tant. En Europe aussi il existe ces pratiques avilissantes et dévalorisantes, croyez-moi le monde se prête au jeu et de toute part. Celle-ci par son attrait désobligeant, assommant de naïveté et de crédulité, a fait la une des journaux du pays en question. Deux bonnes femmes déboussolées ; rudement éprouvées par la vie, se sentant perdues et cherchant leur chemin, se sont présentées volontairement dans un asile sectaire dont elles auraient entendu parler. Sans surprise, elles se sont faites recrutées par le gourou des lieux dans les règles de l'art. Elles se sont volontairement livrées à la secte qu'il dirigeait et se sont offertes sans réserve aucune à cet esclavagiste des temps modernes. Ceux de cette espèce-là, vous promettent les cieux et la terre mais surtout le paradis ! Bien sûr il y a un prix à cela mais ce n'est pas dit explicitement ! L'accord est tacite. Vous vous engagez indéfiniment à payer de votre temps, de votre argent et de votre personne pour accéder à ce "privilège offert". Quand vous parvenez à intégrer ce genre d'organisations (ce qui vous est mis dans le crâne et que vous vous prenez à croire, c'est qu'il est en effet très difficile d'intégrer ces sectes malgré le lourd tribut qui vous est demandé en retour). Vous devenez automatiquement leur vache à lait. Ils vous font croire qu'ils sauveront votre âme et se nourrissent principalement de la faiblesse, la naïveté et du désespoir de leurs proies potentielles. Ils vous hypnotisent de paroles soient disant divines qu'ils vous rabâchent tous les jours, bien sûr vous devez jeûner aussi pour y être initiés ! Un rituel séducteur qui accrédite cette mascarade et la rend luisante et attractive. Le corps malmené, assoiffé et affamé, la conscience étourdie, tout affaibli et manipulable à souhait, vous avaleriez le feu si on venait à vous le demander. C'est tout un rituel et pas des moindres ! Après vous avoir affamé et pratiqué alors plus facilement sur vous le lavage de cerveau avec leurs discours bien rôdés (des inepties), il vous est difficile d'avoir un discernement clair de votre situation. Ils vous achèvent alors en vous soumettant totalement à leur idolâtrie, s'assurent votre patrimoine (physique et matériel) à vie et votre loyauté sans condition. A cette peine s'ajoutent l'isolement et les barreaux à la cervelle ! Ceux qui ont de la chance aperçoivent une lueur d'espoir du fond des restes conscients de leur cerveau endormi. Ils ouvrent les yeux assez tôt et ne restent pas très longtemps. Ils ont vite fait de comprendre l'arnaque, le leurre et se libèrent de ces chaînes dès qu'ils en ressentent les dangers encourus. Certains se donnent la mort pour y échapper car trop investis et complètement perdus, déboussolés. Malheureusement tout le monde ne fonctionne pas pareil et la plupart des adeptes de ces initiations en paient le prix fort. Vous êtes tellement acculés et à leur merci qu'ils vous usent et vous utilisent sous toutes les formes possibles de ces mots. Vous devenez alors leurs esclaves mentaux, sexuels, spirituels et ne vivez plus que pour eux et par eux, vous êtes tellement sous leur emprise que votre cerveau en est déréglé ! Il ne fonctionne plus parce que vous le commandez. Non ! Il fonctionne à la baguette et à la demande parce que c'est le gourou qui le commande ! Et vous, vous exécutez ! Des bêtes d'expérience ! Par la force des choses au lieu de prendre vos jambes à votre cou, vous vous sentez si chanceux de cet état de fait, si privilégiés que ces vénérés maîtres vous aient choisis "VOUS", que vous vous surpassez pour les satisfaire mais surtout pour ne pas les décevoir et garder cette place tant convoitée qu'ils veulent bien vous accorder ; toute votre vie. Ce sont les maîtres chanteurs, de bons orateurs ; ils ont l'art de la manipulation et le pire c'est que cela fonctionne sur des personnes qui malheureusement, une fois appâtées, dédient leur vie entière à leurs gourous. S'il vous prenait l'idée de vous enfuir avec le peu de dignité qu'il vous reste et qu'ils venaient à vous surprendre ; eh bien sachez qu'ils sont très rusés. Ils vous dorlotent le temps que vous changiez

d'avis. Ils vous élèvent plus haut que le ciel avec des mots doux et soyeux mais surtout très convaincants afin que vous restiez avec eux en vous faisant croire que c'est pour votre bien. Or les seuls qui en tirent vraiment un bénéfice quelconque ce sont eux-mêmes ! C'est dans leur intérêt qu'ils agissent aussi docilement face à la rébellion de leurs agneaux. Ces bonnes dames ont passé respectivement vingt et quinze ans chacune à servir cet homme. Cela va sans dire, à cinquante-cinq ans, elles sont peut-être moins fraîches, moins attirantes et aussi moins actives sur le plan sexuel et physique puis le maître doit regarder plus souvent ailleurs vu qu'il en recrute toujours de plus jeunes et plus fraîches, du coup elles ressentent un rejet de la part de celui qui jadis les rendait spéciales ; elles se sentent souillées, salies, utilisées et trahies ! Là, elles comprennent subitement l'arnaque et se réveillent d'un sommeil long de plus de vingt ans. Il ne leur manquait que le déclic pour réaliser leur sottise, il a mis du temps à arriver ! Vingt ans c'est tout une vie ! Vous rendez-vous compte ? Mais bien sûr elles ne l'ont pas vécu ainsi durant toutes ces années. Elles avaient en face d'elles un manipulateur qui leur faisait gober toutes ses belles paroles et elles en étaient fières et heureuses. Lorsqu'au bout de vingt ans d'endurance de travail psychologique sur ton être et ton cerveau réduit en miettes, tu as le bonheur d'enfin entrevoir la lumière et d'ouvrir les yeux sur les persécutions de ta vie, tu peux subitement sombrer dans la folie tant le choc émotionnel est intense ! La brisure est nette ! Tu réalises que tu t'es fait avoir en douce, avec ton accord et en plus à tes frais. C'est quand même quelque chose !
Ces gens-là, croyez-moi, quand vous les approchez dans leurs débuts pour les éclairer de votre lanterne afin qu'ils retrouvent le chemin de leur salut, vont vous dédaigner, vous mépriser et vous traiter de fou. Ils sont heureux d'être aliénés, enchaînés à des idées nourries de mirages et fausses croyances, avec des cervelles ramollies, ainsi ils ne peuvent plus réfléchir car tout est pensé pour eux avec des idées préconçues bien étudiées afin qu'ils n'aient guère d'échappatoire. Ils sont attachés à leur prison et à leur gourou adulé ! Quand il leur vient l'idée d'abroger leur souffrance (souffrance qui, pour eux n'en est pas une du tout

par leur distorsion de la réalité perçue) en cassant les codes et de s'affranchir, ils sont finalement si enfoncés dans leur endoctrinement qu'offre leur prison dorée qui leur miroite la liberté et un meilleur monde, qu'ils en perdent tout discernement en préférant y rester. Ils sont déboussolés et anéantis encore plus qu'ils ne l'étaient en adhérant à ce dogme. Ils rebroussent alors chemin car il n'y a plus de solution pour eux. Ils sont pris au piège, cernés et pour la plupart, ils ont perdu du temps, de l'argent, de l'énergie. Ils se retrouvent dépouillés, anéantis et seuls au bout de leur vie. Quel paradoxe pour quelqu'un qui a œuvré corps et âme pour atteindre le paradis qu'on lui promettait et dont il a tant œuvré pour l'acquérir ? Le prix c'est la désillusion, le réveil brutal, l'effondrement moral, la chute vertigineuse mais nécessaire et la chute psychologique parfois fatale conduisant à la folie ou à la mort provoquée tant le choc est insupportable pour l'esprit ; puis au bout de tout cela, la solitude quand on a échappé à la mort. La vie commence alors et il faut tout recommencer !
Pourtant la réalité est flagrante aux yeux de tous, mais il faut un véritable choc émotionnel, un déclic pour qu'ils puissent être impactés dans leur cheminement si désiré, leur idéal et enfin ouvrir les yeux sur l'évidence.

- J'en suis sidéré ! Il y a de sacrés monstres tout de même dans la nature ! Des suceurs de sang ! J'avais aussi un ami, il était prêtre dans une église très fréquentée de ses fidèles croyants. Je l'ai rencontré un soir après sa messe en train de siroter une bière dans un bar bien caché que j'aimais bien pour les coins si discrets qu'il offrait, la difficulté à y reconnaitre les habitués et l'ambiance feutrée qui y régnait. Après quelques phrases échangées, j'ai trouvé curieuse sa conception de la vie pour un homme de Dieu. Il me confia sans retenue que toutes ces fidèles étaient de grandes pêcheresses et que lui pouvait leur pardonner. Un personnage loufoque et loquace à la psychologie inversée et la curiosité mal placée. Il aimait à prêcher le faux pour savoir le vrai, ce n'est pas tant sa stratégie qui me déplaisait, c'est surtout son nez qu'il fourrait dans tout ce qui ne le regardait pas. Pourtant il titillait ma curiosité et fréquentait le même bar que moi, je m'y suis donc attaché. Un soir où il avait un verre de trop dans le nez, Il m'a fait une confidence. L'alcool délie les langues, dès l'instant où son corps a assez ingurgité et filtré ses pintes, il ne s'agissait plus de ce "saint" que tous accourent au temple pour le rencontrer afin d'être absous. Ce n'était pas non plus ce prêtre pieux, qui, dans son monastère et à ses heures d'évangile, distribue les pastilles, l'eau bénite, dit la messe et prêche la bonne parole. A ce moment-là, j'avais affaire à tout autre chose. Sans doute portons nous tous des masques... La question étant de savoir à quel point certains d'entre nous sont dangereux... Et à quel point le masque humain qu'ils affichent au grand jour peut être trompeur... En effet celui de notre ami, mon cher, ne laissait planer aucun doute sur le domaine de la conscience. Il tournait et retournait qui il voulait comme une crêpe. La lueur dans ses yeux, ce soir-là, me fit frissonner de terreur. Qu'est-ce qui n'a pas marché dans ce monde de barges ?

Il se trouvait face à moi le malin dans sa forme la plus démoniaque. Il prenait ses aises et dénouait son camouflage pour laisser place au véritable animal qu'il abritait. Le mal dans toute sa splendeur. Il me confessait ses péchés dont il s'enorgueillissait et se vantait au lieu de s'en repentir (si je puis ainsi les appeler), avec supériorité et suffisance sans en ressentir de remords ; aucun. Il s'agit plus de crimes que de péchés, mais dans ce contexte, c'est le cas de le dire. Il m'expliqua, sans vergogne, que son talent était tel, que les femmes qui allaient dans son église pour se confesser, chercher repentance et absolution ; cela après avoir commis tous les péchés du monde possible, lui mangeaient dans la main et raffolaient de son élixir laiteux. Oui vous avez bien compris, en plus du racket qu'il leur imposait toutes les semaines communément appelé quête et dont il se servait personnellement pour s'enrichir et se saouler oubliant de les utiliser aux fins qui lui était destinées, il se faisait tailler des pipes en retrait dans ses appartements par ces pauvres ignorantes puis se faisait tremper le biscuit. Ils se les tapait toutes ! En leur promettant l'absolution et l'atteinte de leurs rêves les plus fous dans la vie par la grâce de ces pratiques. Il est allé jusqu'à les laisser entendre que sa puissance bienfaitrice était telle qu'il serait capable d'élever ces femmes démunies de personnalité pour qu'elles brillent à tout point de vue en société. Il savait leur parler pour parvenir à ses fins. Il les utilisait puis les jetait comme de vieux torchons. Ces femmes, bien loin de se sentir utilisées ou souillées, se sentaient même privilégiées et se faisaient défoncer le capot et le moteur à cœur joie. Cet imposteur se vantait de se faire vénérer même par ces pauvres sottes écervelées. Nous sommes tous des hommes et nous aimons nous faire aimer. Cet homme était à la base un homme de Dieu, sensé diriger des séances de prières et conseiller son auditoire avec tout le respect qui soit. Un représentant de Dieu en qui ces gens avaient placé toute leur confiance et tous leurs espoirs, mais sans scrupule il abusait impunément de tout cela et de la pire des manières. Son degré culminant d'immoralité, d'inconscience, de perversion et de machisme m'a dégouté. C'en était trop ! Sans verser dans la moralisation, il y a des choses qu'on ne peut pas tolérer et cet homme se sentait tout puissant dans ce qu'il faisait au point de le raconter froidement sans réserve ! Dès lors qu'il m'a fait cette confidence, j'ai cessé de le fréquenter. Je ne daignerai cautionner ces faits encore moins en être complice et par là même une victime collatérale.

- Il leur prêche la bonne parole et l'illustre de belles images, le reste n'est que le fruit de leur imagination, puis elles le suivent telles des mouches sur de la confiture. En somme il leur sert ce qu'elles désirent, ce qu'elles veulent entendre. La messe est dite ! Les églises sont de plus en plus montrées du doigt pour ce genre d'histoire. Du plus bas de l'échelle au sommet, les prêtres, les hommes de foi et bien d'autres de leur catégorie ayant prêté serment, ont depuis des décennies trahit la confiance des hommes. Un grand nombre de ces hommes qui semblaient tout puissants ont salement abusé et brisé des bonnes sœurs et même des enfants derrière les murs de ces "maisons de Dieu". C'est une révolution !

- Une révélation aussi ma foi ! Rien ne justifie cet acte odieux ! Ces victimes sont si ensorcelées et aveuglées par son enchantement qu'elles prennent tout celui qui tente de leur montrer le bout du tunnel de la supercherie à laquelle elles marchent aveuglément, pour un imposteur, un menteur et un déséquilibré. Comment oseraient-elles renoncer à un tel privilège ? Pour rien au monde elles ne lâcheraient leur sauveur, leur bienfaiteur. Bienfaiteur mon œil ! Un vrai scandale ! Tout se passe dans leurs têtes, elles se sentent élevées et chanceuses parce qu'elles y croient vraiment alors que dans les faits le pasteur les baise dans tous les sens du terme et les nargue en racontant ses exploits à qui veut l'entendre ! Celui qui en l'occurrence voudrait les sauver serait en réalité leur pire ennemi. Et que dire de ses congénères qui prêtent serment et font vœux de chasteté pour la vie et qui contournent ensuite pour s'en prendre à de pauvres enfants innocents et sans défense ? Ces loups déguisés en agneaux sont acclamés et vénérés pour leur fausse identité ! Celle de la sainteté. Ces pédophiles nés, violeurs et agresseurs en grande liberté, s'ils ne se faisaient pas prendre, violeraient et détruiraient toute leur vie des femmes et des enfants innocents en se faisant passer pour de "bonnes personnes", c'est écœurant. Il y a de quoi interpeller les parents... Prêtons plus attention à ce que disent et font les enfants.

- Il y a aussi les justes ! Des gens bien et correctes. Ceux qui prêchent la bonne parole et s'y appliquent fermement. Ceux qui veulent du bien à toute l'humanité et font du bien à leurs prochains. Ceux qui défendent les bonnes causes malgré les bâtons dans les roues. Ceux-là sont mes préférés, je les vénère pour le simple fait qu'ils ne causent de tort à personne sinon à eux-mêmes dans leur loyauté et leur bonté. Ils voient le bien partout et croient que le monde est ainsi. Pourtant même eux n'échappent pas à la sournoiserie du reste de l'espèce, leurs semblables ; ceux infectés par le mal. Ils vivent bons et meurent bons, c'est tout à leur honneur. Je suis sûr qu'au fond, ils savent que l'espèce est infectée, qu'elle est gangrénée et souillée par les faux, par ceux usurpateurs des bons rôles sous les feux de la rampe mais dangereux à la démonstration dans l'ombre. Ils choisissent volontairement de fermer les yeux pour tenter de transformer les autres en les contaminants de leur bienfaisance. Seulement c'est une pratique vaine, tant la mesquinerie s'est répandue mais cela non plus n'échappe pas à leur vigilance ! Ils veulent faire mais alors et surtout ils veulent aussi bien faire, c'est tout ! Ils tentent à leur niveau d'apporter leur pierre à l'édifice. C'est un sacré travail tout de même ! Il faut bien laisser de la place aux autres.

- J'ose espérer que cette espèce va envelopper le reste et prendre le dessus. Ça reste à voir ! Je passe sans doute à un autre sujet mais c'est dans le même contexte... Quand on sait que des policiers qui de nos jours jouent les justiciers face à la caméra et tuent en coulisses. Il y en a même qui le font ouvertement !

- Ah ! Le sujet d'actualité ! Comment a-t-on pu ne pas savoir que ces recrutés étaient aussi malades ? Comment ont-ils pu se soustraire au système sophistiqué de contrôle des valeurs ? Comment tous ces experts ont pu ne pas déceler leur psychologie détraquée, leur psychopathie ? L'Homme est tout de même plein de mystère ! Avec tous les moyens humains et technologiques déployés pour éviter ces mauvaises surprises, il y en a qui arrivent à passer à travers les mailles du filet.

- Il y a des méchants partout il faut croire ! Leurs vices et leurs camouflages sont si bien travaillés à tromper leurs semblables, que leurs failles psychologiques échapperaient au plus grand des profileurs, au plus fin des stratèges, observateurs et comportementalistes et au plus assidus des psychologues. Ils sont si rodés dans leur entraînement à cacher leurs véritables apparences et leurs profondes natures pour trahir l'espèce ; que personne ne voit clair dans leur jeu jusqu'à ce qu'ils se fassent prendre sur les faits. La nature devrait se charger elle-même de se débarrasser de ces parasites qui empêchent les autres de vivre. Tiens ! La nature, j'ai vu sur les informations à cet effet que des forêts entières sont brûlées pour faire place à des commerces ou quelque chose dans le genre ? L'horreur des feux des pyromanes et de la forte sécheresse ne suffit pas... Quand la nature elle-même ne se dégrade pas par les incendies, c'est l'homme qui s'en charge ! Où sont passé tous ces activistes et défenseurs des droits de la nature qui s'égosillent jour et nuit à crier les risques de ces pratiques et l'impact directe sur l'écologie ? Sortez ! Le monde a besoin de vous aujourd'hui ! Plus que jamais ! Criez encore plus fort afin que les autres prennent conscience et vous emboîtent le pas !

- Pardon ? Vous parlez de l'écologie ? Le temps se réchauffe, les eaux débordent, la fonte des glaciers s'accélère et le monde s'engloutit… Des crues et inondations de part et d'autre. Des chaleurs insoutenables et des hommes à l'agonie. Des catastrophes naturelles qui s'enchaînent sous les regards médusés, impuissants et horrifiés. Des pertes colossales en vies humaines, animales, végétales et en biens matériels. Un sujet plein de sens de nos jours, il fait bien couler de l'encre sinon de la salive !

- Oui mon cher ! Tu m'en diras tant ! Et toutes ces grandes firmes qui déboisent et brûles les dernières forêts à tort et à travers ? Toujours pour faire plus de fric ? Quand nous comprendrons que c'est notre "maison" que nous détruisons, nous nous raviserons. S'il n'est pas trop tard.

- Vous défendez la nature avec la limite de vos connaissances, l'intérêt à en tirer et surtout la valeur vos exigences. Chacun y participe vaillamment avec ses maigres moyens pourtant très significatifs et cela qu'ils soient bons ou mauvais. Ceux qui n'y participent pas, y participent quand même par la force des choses. Le seul moyen de ne pas participer à cette avalanche de dégradation et de restructuration environnementale à contre-courant, c'est de ne pas exister. Quand vous construisez ces dalles indestructibles qui empêchent l'eau de s'infiltrer et que vous vous regroupez en masse de façon destructrice, salissante et dégradante des environnements dans ces étages sans fin pour vous nicher au cœur de cette même nature en dépit de tous les dommages que vous lui causez, honnêtement je me tiens le menton pour vous regarder en souriant. C'est l'homme et sa contradiction dans toute sa splendeur. Il détruit en même temps la nature qu'il en en prône sa défense. Vous êtes hypocrites jusqu'au bout des ongles. Vous êtes sincères et conciliants

uniquement quand cela vous arrange et que ça vous empêche de vivre que de faire autrement. La seule chose que vous êtes prêt à concéder c'est la garantie de vivre dans vos jérémiades sans en être réprimandés alors même que c'est vous qui causez les torts. Le seul peuple qui ne devrait jamais exister sur cette terre est celui des humains - cette petite nature qui se limite à elle-même et ses petits besoins… Le monde et la terre ont besoin qu'on voie plus loin mais le rappel est sans appel quand on observe le résultat des bêtises faites sur des siècles - Non pas ces frontières à la limite des pays, tracées à la craie et gardant séparées et recluses des espèces modelées aux idées souvent arrêtées et obscurcies par l'entretien des barrières délimitant les lignes à ne pas dépasser. Non ! C'est de l'espèce tout entière dont on parle ! Ces frontières nées de la division et de la discorde viennent s'ajouter à un problème déjà existant et créent des barrières supplémentaires, celles physiques et mentales. La haine entretenue, le pouvoir et la manipulation sur les mœurs viennent opposer davantage les humains entre eux... C'est bien inquiétant tout ça. Quand un corps naît dans un complexe de supériorité par exemple (allons en Amérique, en occident dans certains pays), de tension et de haine de son prochain pour sa couleur de peau, son pays ou pour une quelconque raison que ce soit, je puis vous dire qu'il échappe très difficilement à son système ! Ce même système qui l'a vu naître, l'a baptisé, biberonné, épié, stellité, placé dans une base informatisée de suivi à la trace, encadré, formaté et qui œuvre jour et nuit à sa programmation, surtout s'il n'en est jamais sorti pour se rendre compte que d'autres réalités complètement différentes existent ailleurs. Cette réalité lui colle à la peau comme si elle était un second souffle... La culture par ce biais, n'est plus une question relevant du luxe ou de hobbies, ce n'est pas non plus un passe-temps ou un choix ! Non ! C'est une nécessité ! Elle se fait absolument pressante car vitale pour tous les peuples du monde. Il est plus que temps d'apprendre ce qu'est réellement le monde et surtout d'apprendre comment y vivre tout bonnement.
Les animaux, eux, ont la chance de vivre et mourir sans rechercher la renommée, cette course effrénée vers je ne sais quoi qui fait perdre tout son naturel et sa dignité à l'être

humain. Ils vivent comme s'ils n'existaient pas ; tout en symbiose avec la mère nature qui offre tout et meurent comme s'ils n'avaient jamais vécu car eux ne la dénaturent pas. Comme si cela ne suffisait pas, viennent s'ajouter les guerres, les religions, le racisme… Et après, on attend Dieu pour gérer tout cela ! On s'enfonce chaque jour avec un nouveau problème et on ne s'en sort plus.

- Allons cher ami ! Ne nous emballons pas. Vous et moi savons qu'il n'en est rien, du moins me concernant. Mais du reste, vous avez fichtrement raison. Ouvrez les yeux ! Le bon Dieu c'est nous ! C'est toi, c'est aussi moi et ce sont les autres ! On érige toutes ces idoles sinon ces bibliographies où l'on plonge le nez et applique à la lettre ce qu'on lit en oubliant notre humanité qui elle, laisserait place à la spontanéité en faisant appel au bon sens inné, au cœur et à la raison. Le choix de faire par nous-même ce que nous dicte notre cœur, notre bonne conscience et notre bonne foi. De qui sont-elles ? Accompagnées de sectes coiffées de puissants gourous intronisés ! Ces séducteurs froids et entraînés qui arrivent à mener ce beau monde désespéré et naïf mais surtout ignorant par le bout du nez à coup de baguette magique ou dirais-je de belles paroles et fausses promesses. C'est comme quand on fait croire aux enfants que le père noël existe, sauf que dans ce cas, c'est pour la bonne cause. Les yeux qui pétillent et les sourires jusqu'aux oreilles, rien ne vaut ces moments où l'on observe ces enfants joyeux émerveillés par la bonne action de ce fictif bonhomme qui vole secrètement la vedette aux parents ou aux généreux donateurs. Nous aimons superbement tricher, ignorer la réalité lorsqu'elle ne nous arrange pas, pourtant au fond de nous, nous savons ! Oui nous savons mais nous voulons coûte que coûte nous accrocher à quelque chose quitte à nous mentir, c'est plus facile. Quitte à créer un nouveau monde et à vivre dans une autre réalité. Nous ne voulons surtout pas nous accuser, endosser la responsabilité de notre œuvre truffée de bêtise par la seule cause de notre idiotie voulue et choisie, de nos actes de la situation qui en résulte. Alors nous inventons tout ! Jusqu'au moindre détail, nous disons alors que le créateur a fait cela, qu'il en est responsable ! Que l'élu l'eût prédit il y a des milliers d'années et que nous ne faisions qu'appliquer ses dires tout en nous dédouanant de toute responsabilité ! Que la prophétie se réalise miraculeusement sans notre intervention et que c'est l'œuvre du destin. Nous nous justifions pour paraître être dans le juste ! Balivernes ! Nous continuons dans notre complaisance ; nous devions le faire, ça a été dit ; c'est écrit et ce n'est pas autrement ! Ce qui est écrit c'est aussi la paix, le respect et l'amour de son prochain ! L'abstinence alors, on en parle ? On scelle psychologiquement sciemment des organes génitaux de générations entières en les endoctrinant ; pour causer des frustrations et maintenir dociles des âmes bien nées, sous la main par souci absurde d'éventuel déshonneur. Les familles étouffent les progénitures dans la coquille pour les maintenir sous contrôle et les dits "saints" profitent de la situation. Tous des fornicateurs et des branleurs nés ces prédicateurs ! Tu trouverais difficilement plus pervers et vicieux. Leurs mouchoirs souillés du pus de leur masturbation à peines jetés, ils tentent de te faire la morale ! Ce qu'ils aiment par-dessus tout, c'est de voir ces femmes désespérées défiler chez eux et confier leurs intimes secrets. Ils les draguent, flirtent avec elles et les mettent dans leur lit quand c'est possible tout en jouant le rôle des pères spirituels protecteurs. Avant c'étaient des hystériques (les femmes objets mal prises, qui faisait l'objet de convoitise des hommes et ne servaient qu'à paraître ; que les docteurs devaient masser à longueur de journée pour les voir jouir et se libérer de leur "hystérie") ; aujourd'hui ce sont des vierges effarouchées forcées ; des coincées du cul et des tricheuses insoupçonnées que les sociétés engendrent. Ces sociétés faites detoutes pièce pour soumettre et asservir par la peur et la manipulation. Et ceux qui prêtent serment devant les hommes pour ensuite se cacher dans des coins sombres et discrets des superettes pour siroter leurs liqueurs enivrantes pourtant interdites ? Mais alors ceux qui violent ? Ceux qui tuent ? Et ceux qui dédaignent les autres parce qu'ils ne leur ressemblent pas ; malgré leurs fausses apparences affichées et vendues aux yeux du monde ? Ah non ! La grosse blague ! Si nous tenons tant à appliquer ce qui nous est dicté, finissons-en !

Et si nous avions alors mal interprété ? Car pour un fait, il y a plusieurs cas de figures possibles. L'aurions-nous seulement envisagé ? Et si les faits laissaient libre cours à toutes sortes d'autres décisions et applications possibles ? Et si nous sollicitions nos cervelles, que nous nous bougions par libre arbitre en tant qu'êtres humains capables, responsables et conscients de nos actes pour régenter nos vies ? Eh non ! Trop souvent, on préfère utiliser ces bouc-émissaires ! Ces couvertures malheureuses pour échapper à nos propres réalités ! Nos propres responsabilités ! Celles lourdes de nos culpabilités, de nos hontes et de nôtre lâcheté ! Pourtant cette couverture obscure n'en est rien, le Dieu lui-même ou le personnage vénéré était absent au moment des faits. Bien sachant cela, même les témoins de cette vérité avérée vous croiront et vous accompagneront dans vos fausses plaintes et gémissements, dans l'hypocrisie certifiée. Mais oui ! Ils font pareil ! On se barricade l'esprit à un tel point qu'on finit par croire à ses propres inventions et on continue dans ce délire, jusqu'à ce que mort s'en suive. Le plus douloureux, c'est de mourir sans avoir ouvert les yeux. Arrêtons le leurre et agissons ! Arrêtons d'attendre que des hommes vêtus de robes intercèdent ou agissent pour nous et notre salut. C'est à nous-même qu'incombe cette action. Nous sommes tous impurs, imparfaits et tout ce que vous voulez ! Personne ne pourra purifier l'autre. Arrêtons d'attendre que DIEU descende sur Terre pour y faire régner l'ordre, c'est à nous que revient cette tâche et à nous tous.

- Ah cher ami ! Les dés sont jetés ! Et que dire de tous ces dénommés prédicateurs en herbe qui utilisent les mêmes lexiques accusateurs et culpabilisants ? Leurs suiveurs s'y retrouvent très facilement et se sentent directement concernés. Ils sont pris au piège et accourent pour chercher l'absolution et se repentir auprès de leurs semblables, qui eux, semblent du moins un peu plus malins pour ma part. Ils ont fait la part belle des choses et occupent les places les plus confortables, celles des intercesseurs et des sauveurs ! L'arnaque est facile, le monde partage tous ses problèmes et porte les mêmes hantises. Si l'une ne l'interpelle pas, il y en a forcément une autre qui le touchera de plein fouet. Le bon appât ! Les dés sont jetés comme je le disais, c'est fait il n'y a plus qu'à attendre qu'il morde à l'hameçon. Parfois je trouve leur acharnement morbide et funeste. Une pièce montée où tout est calculé et rien n'est laissé pour compte. Tout est orchestré pour apeurer, éprouver et horrifier leurs fervents fidèles. On joue sur les sentiments et les émotions. Ensuite on opprime. La "peur" voilà le verrou. Le monde entier croule sous cette menace ! Il est contrôlé par la peur. Pourtant il n'existe rien de plus naturel que la mort depuis que la terre existe, mais ces fameux trafiquants de pratique sectaire trouvent les moyens verbalement de vous monter par manipulation mentale avec des idéaux arrangés, des images idéalisées, des vidéos truquées effrayantes et hors contexte avec à l'appui des messages abracadabrants soi-disant salvateurs dont le seul but ultime est de tenir ces disciples en laisse par la peur ! La peur du "châtiment de la tombe", la peur d'être impur ou de ne pas être sur le droit chemin et de finir sa vie ainsi. La peur de mourir en fin de compte. C'est grotesque ! Personne n'est vraiment parti de l'autre côté pour y revenir (et si c'est le cas, ces personnes vivraient autrement pour de vrai) ... Nous ne savons pas vraiment ce qu'il se passe après notre vie. L'enfer et le paradis dont nous parle ce monde, sont tous deux déjà établis sur terre et nous les vivons chaque jour. Que pourrait-il y avoir de pire que ce que nous voyons, vivons et subissons déjà sur notre planète ? Avec nos semblables ? Ceux qui pour le moins, semblent avoir basculé dans la mort pour ensuite revenir à la vie, perdent soit la parole, soit la raison et ceux qui y survivent ne dévoilent pas grand-chose de ce côté mystérieux qui nous attend tous. Si tel est qu'ils aient vraiment basculé…

- Tous ces entraineurs ont été pensés, vus et revus sur des siècles par des têtes de manière à tout sceller. Quand les temps changent on s'y adapte ou on y adapte les interprétations. Les faits doivent concorder et puis le monde étant le même depuis toujours, il y a plutôt peu de changements à y apporter à chaque fois. L'évolution et le progrès ne laissant ni le temps ni le choix, il faut s'y résoudre ou vraiment en vouloir. Il n'y a pas d'échappatoire possible quand on y entre ; les destins sont déjà scellés. Je respecte totalement que chacun veuille faire de sa vie une source de joie, si certains y trouvent leur compte tant mieux mais pour les extrémistes et les radicalisés c'est une autre affaire. A chaque question une réponse bien trouvée, à chaque cas une solution adaptée. Le monde même tourne ainsi, ne voyez-vous pas ? On y place des règles et quand se présentent des cas énigmatiques, survient alors la jurisprudence. Qui le fait ? C'est évidemment l'être humain ! Il prévoit la case de recours pour l'imprévisible, l'omission ou l'impensable ; juste au cas où ! Cela étant, il n'a plus qu'à s'en servir à sa guise. Des vies entières enlevées ! Des personnes sont jugées, torturées, lynchées, décapitées, mutilées, handicapées… Et tout ceci au nom du tout puissant (attention ! "en passant par les mains des hommes") ! Pourtant, il n'y a rien de mal à vouer un culte quel qu'il soit, seulement certains l'utilise abusivement en déformant tout contexte pour s'en servir personnellement. Des peuples entiers se livrent alors des batailles acharnées et s'écrasent les uns les autres. Ces guerres tribales, religieuses, de couleurs, d'origines, … sont juste insensées... La seule chose que je vois en les observant, ce sont des frères qui s'entretuent bêtement. Nos convictions personnelles et notre acharnement compétitif ont eu raison de notre seul objectif naturel qu'est l'amour de l'humanité. Ils nous dépassent tellement qu'ils nous l'enlèvent pour ne laisser que des loques irraisonnées avides de pouvoir et du monopole de la raison sur le reste du monde. C'est insensé !

- Mais que voulez-vous ? C'est le but du jeu et quand on y joue, c'est comme ça que ça marche. Alors on fait quoi ? Si tu dis oui, il faudra aller jusqu'au bout des choses, et si tu dis non, tu connais déjà la case des perdants… Celle du regard sombre du jugement des hommes. Ne dis surtout pas non, sinon c'est perdu d'avance. Il faut jouer son rôle sans retenue, il y a même des récompenses à la clé, c'est à qui joue le mieux. Quelle mascarade ! Quitte à se créer un monde fictif pour s'extirper de la dure réalité, avec des personnages fictifs et invisible pour nous justifier de nos actes au besoin et surtout à la demande ! "*Attention, le monstre viendra pour t'emporter si tu ne t'exécutes pa*s" ! Alors là, c'est la meilleure ! Il n'y a certainement aucun monstre ! (Il trouve sa réalisation dans les consciences manipulées où une image effrayante sans forme précise y est calquée). Personne ne l'a encore jamais vraiment vu ce fameux monstre mais tout le monde s'accorde sur le sujet ; admet qu'il existe, en est extrêmement horrifié et tu dois t'en arranger. Il ne faudrait absolument pas être pris au dépourvu. J'ai souvent l'impression qu'il s'agit d'un festin libre-service et c'est à qui se sert le plus que revient le mérite de diriger. Si vous êtes un requin, il y a le costume taillé sur mesure pour les requins. Vous intégrez le club de l'espèce, les plus grands sont là, les dents bien aiguisées et qui rayent le parquet ! Et ils vous apprennent à être sans pitié. Il suffit parfois de les regarder faire pour apprendre. Ils chassent, déchiquètent et broient leurs proies... Un peu imagé n'est-ce pas ? Pourtant c'est ainsi ! Sans pitié ! Je trouve cela injuste quand on sait que tout le monde n'a pas le même appétit et encore moins l'agilité que cela requiert de se servir. Il faut être habile, bien en point et prêt. C'est un monde fait de rapaces, de loups, de requins, de longues dents, de serres, de griffes, de crocs. Et j'en passe ! Il faut absolument savoir naviguer sinon on te marche dessus ! Tu te fais bouffer ! Il faut affûter ses armes pour affronter la masse et tirer son épingle du jeu, sinon on subit et on meurt ! On meurt sot en se disant qu'on aurait pu de loin survivre. C'est la jungle ! Tout autant que les animaux comme nous aimons bien les appeler pour nous sentir et placer un cran au-dessus ! Mais nous sommes tout aussi pareils ! La seule différence pour nous, c'est que nous avons recours à ces techniques carnassières alors même qu'il n'est pas souvent question de vie ou de mort. Il n'est donc point besoin d'en user ! Mais nous le faisons, nous sommes ainsi. On veut se montrer plus fort ! Marquer son territoire et rugir pour être vu et entendu. Les bêtes s'entretuent pour se nourrir mais les hommes le font pour le pouvoir, la gloire, la domination. Pour prouver et se prouver qu'ils sont plus forts ! Ils se placent sous les feux des projecteurs et demandent au monde d'attester et de témoigner qu'ils peuvent l'écraser et s'en tirer. C'est la démesure de l'ego surdimensionné et écrasant. Celle des plus forts dans la jungle, les machiavéliques ! Alors ils font la loi. Les grandes gueules et les dents longues sont juste les mieux servies et puis c'est tout, alors ouvrons la bien grand ou taisons-la et subissons. C'est la loi de la jungle en quelque sorte, ni plus ni moins ! Mange ou soit mangé. Dans tous les cas, il va falloir partir à la fin. Alors que faire ? S'isoler en Dieu et observer ce carnage ou prendre parti avec sagesse ? C'est une bataille imposée, il faut prendre part et surtout gagner. Il faut gagner par la paix, par l'amour et par le respect. Faisons-nous ce don. Quand on a fait le tour de toute chose, il en ressort que c'est sur ces trois piliers que repose la meilleure.

- Tu as raison ! J'aime ton angle de vision et cette si significative parallèle faite du monde des hommes à celui des animaux. Cette interaction avec le monde est très enrichissante, en effet nous regardons tous les mêmes choses mais chacun voit avec ses yeux et donc avec des regards différents. Nos échanges restent toujours fructueux quand nous sommes ouverts au monde avec écoute, attention, bienveillance, sans agressivité. Cela nous permet non seulement de connaître d'autres réalités et possibilités mais aussi de nous raviser secrètement et discrètement tout en nous remettant en question lorsque nous constatons que nous nous sommes trompés, que nous nous sommes égarés. Depuis toujours les grands écrasent les petits au lieu de les élever à leur hauteur ; ils veulent toujours garder le meilleurs pour eux... Chacun doit se battre comme un diable pour se tailler une place aussi petite soit-elle. La paix !? Cela me laisse vraiment songeur... Il me semble que nous en sommes loin ! Très loin !

- Les cultures sont diverses et variées et chacun est attaché à ses propres valeurs, celles qui l'ont vu naître et grandir, celles qui font de lui ce qu'il est, c'est une empreinte indélébile, une identité. Changer de regard ne nous délecte pas de notre identité ; encore moins de notre personnalité. Il nous ouvre simplement à d'autres possibilités. Le plus idiot peut toujours nous apprendre quelque chose que nous ignorons. Connaître les autres revient à se découvrir soi-même et à se compléter. On passe notre vie à chercher à se connaître sans jamais vraiment y parvenir. Je crois même qu'il est impossible de savoir jusqu'où on irait si la mort, la maladie,

l'épuisement, l'usure et la vieillesse ne se présentaient pas. Ces peines qui nous faiblissent et nous font profondément réfléchir, rendent leur équilibre aux choses.
Avoir une référence est quelque part une nécessité, un réconfort pour notre inconscient ; si nous ne sommes attachés à rien, c'est comme si nous n'existions pas. C'est vital ! Nous sommes alors forcément attachés à quelque chose, une croyance quelle qu'elle soit ; une pensée, une idole, un temple, un arbre, la mer, un guide et j'en passe. Chacun trouve son talisman de vie et y met tout son espoir en attendant la fin, ça maintient en vie, ça aide à vivre.

- La mort cher ami, quel sujet fascinant. Elle a toujours été la même mais continue de faire toujours autant jazzer. Lorsque sur le lit de la mort, le corps s'étiole sous une agonie qui lui arrache lentement l'âme, l'homme réalise rapidement toute son existence mêlant toute sorte de sentiments à ce brouillard morbide révélateur qui, à la fin, ne portent plus de nom. La grande confusion ! Celle du fouillis entraîné par la faucheuse. La tristesse, le regret, les remords, l'amertume, la culpabilité de l'indécision et surtout celle de l'impuissance ; s'entremêlent et se confondent. On réalise alors que toute l'existence n'était qu'une farce. Là, on sait qu'on ne sait plus et qu'on n'a jamais vraiment su. Que ne sait-on pas ? On arrive à peine à le définir… On est dans l'urgence, la hâte… On voit de très près et très clairement le vrai visage de la mort, le message clair qu'il porte et qu'il faut à la hâte analyser et comprendre ou pas… Ce qui est surprenant, c'est qu'il n'a rien de tout ce qu'a pu dire le plus érudit voire le plus renseigné sur le sujet. On n'est pas préparé à cela croyez-le ou pas. Ni le voyageur ni les assistants. Elle bouscule tout le monde pour accomplir sa mission. On traverse durant son instant de passage à l'autre côté, un transit par tous les chemins des sentiments. L'émotionnel rejaillit, il prime d'ailleurs ! Notamment celui avec le goût d'inachevé ; personne n'a jamais vraiment fini de vivre lorsqu'il s'en va ! Il y a forcément un truc à terminer, un projet à finir, un être à aimer… Mais il faut partir… On ressent et reconnait ces sensations qui se mêlent pourtant à un je ne sais quoi qui les rend différentes ! On les perçoit bien néanmoins ! Sauf que celles que l'on ressent dans ce moment-là, elles, vaporeuses et éthérées ; désarment de surprise, d'empressement, de hâte, de précipitation. Tous dans la grande détresse, la tristesse et l'émotion forte qui ébranle le cœur et fait courber l'échine. Oui, la fin nous miroite nos beaux rêves non accomplis, nos promesses non tenues (expressément, par faute de temps, par oubli ou par négligence) ; nos regrets face à ce que l'on aurait aimé changer avant… Et jamais ceux de la plénitude et de la joie ; du moins, c'est très rare. Tous ces rêves inachevés ou irréalisés. Ces actions qu'on aurait aimé poser avant de partir, ces mots qu'on aurait vraiment voulu adresser à ses êtres chers, ces pardons qu'on aurait souhaité demander ou accorder... Tout se termine là, dans l'impuissance de la dernière impasse ! Sans qu'on puisse en formuler un seul avec cohérence car la traitresse amie bloque le verbe et brouille les sens en les puisant patiemment de la chair. Au fur et à mesure que cette surprise qui ne devrait pas en être une, étire les traits de son hôte, lui rajeunissant presque ses apparences au passage, la mort purge son âme de toutes ses charges et de toutes ses peines pour l'ôter pure, neutre à la fin. Des esquisses interminables de rêves confus et inachevés s'effaçant avant même de se dessiner, s'échelonnent hâtivement dans l'esprit.

Ce voile majestueux et invincible nous couvre de la grâce de cette amie déloyale qui menace d'apparaître un beau jour pour s'emparer de nos souffles lorsqu'elle daigne se faire voir, sans ne nous laisser aucune issue pour lui échapper. La seule issue possible étant celle de se laisser aller.

C'est un travail artistique avec toute la tristesse et le chagrin que cela génère, ça reste incroyablement spectaculaire. Et c'est la mort dans l'âme que les spectateurs affligés, c'est à dire ceux qui restent en vie tout autour et qui attendent aussi leur tour, prennent momentanément le sermon de la douleur en considération en plus de son conseil avertisseur et se résignent dans la soumission en attendant le prochain ballet.

- Les vivants sont souvent plus renommés après leur mort. De votre vivant, vous n'intéressez que peu. On attend toujours votre mort pour vous célébrer, vous aimer et vous élever.

Voyez simplement tous ces grands artistes de renommée devenus riches et célèbres après leur mort ; certains vivaient misérablement de leur vivant. Les grands guerriers décorés après leur disparition, les personnages marquants de l'histoire qui, de leur vivant, étaient méconnus et ignorés… L'humain a besoin de cela, se plaindre, se lamenter et se manifester dans la douleur et les regrets. Il réalise et mesure l'importance des choses quand elles ne sont plus là… La mort donne une cote, une estime qu'aucun être, de son vivant, ne pourrait porter. C'est beaucoup trop d'honneurs ! La mort est une énergie positive malgré la douleur qu'elle porte en elle ! C'est une aura lumineuse salvatrice en elle-même avec tout le mal qu'on peut en penser. D'ailleurs les seuls qui pensent mal d'elle sont les restants et non les partants qui, une fois partis, ne peuvent plus penser. Ensuite il faut s'en accommoder ! C'est bien connu, nous voulons l'absolution, il faut y travailler. Après son passage, l'honneur grandi, la valeur s'amplifie et y est mise en lumière mais de tout ceci naît aussi la douleur, le chagrin, l'inconsolation pour l'éploré. Elle a son secret qui efface tout, une sorte de remise à niveau, même le côté sombre s'éclaircit ou en tout cas est tût comme gommé par magie. Le mal s'envole et disparaît, le bienfait grandit. Quand toute votre vie vous avez été un tyran, on vous pardonne après votre mort même si l'on ne l'oublie pas. La mort calme les ardeurs et apaise les esprits. Après tout on ne peut plus s'en prendre à un mort ; ce serait peine perdue car c'est perdu d'avance puisque le mort est sans défense et ne vous répondra pas. Il a le don de vous avoir en vous laissant en plan sans qu'il puisse en être réprimandé. C'est alors qu'on est éprouvé par le chagrin, l'incompréhension, la colère, le manque, la haine, la solitude, la dépression, toute sorte de sentiments positifs ou négatifs… Il faut alors faire le deuil et chacun le fait à sa façon.

- Elle est si mystérieuse, si énigmatique. Elle renouvelle tout, efface tout et donne une nouvelle chance d'en découdre avec la vie à ceux qui restent avant qu'elle décide de revenir. Seulement nous prenons ses conseils muets qu'elle nous porte, uniquement quand elle est fraîche, nous nous ravisons,

nous nous calmons, nous changeons temporairement ou cachons partiellement notre être. Mais très vite nous oublions, puis plus tard nous retombons dans nos vieilles habitudes ; celles les plus farfelues. Puis arrive chaque année qui nous rappelle les temps passés ainsi que les morts presque oubliés pour raviver nos souvenirs et nous faire de nouveau faiblir et faire flancher les cœurs puis les corps vaciller. Pour se repentir ou se sentir moins coupable de cet oubli, on se précipite dans les cimetières pour s'effondrer sur les tombes dégarnies par le temps. On le fait pour avoir bonne conscience, pour s'occuper, se confesser au meilleur gardien des secrets, se tenir compagnie en étant seul ; mais plus souvent pour gagner des points aux yeux du monde des vivants, des restants, se faire bien voir. Eh oui ! Quelle belle nature hein ? Nous voulons l'absolution, mieux vivre et mieux jouir du respect des autres.
Quelle comédie parfois ! Quand on aime, on aime dans son cœur et aucun œil au monde aussi avisé soit-il, ne pourrait y porter un jugement. Pourtant je respecte même le plus théâtreux. Après tout, véritablement, on souffre seul dans son coin de la perte subie et personne n'y peut rien. Mais on a besoin quelque fois d'exhiber, n'est-ce pas ? De montrer qu'on aime ou qu'on a aimé et qu'on l'a peut-être été en retour. Dans certains cas, c'est la démonstration qui compte et le prix qu'on est prêt à y mettre. Pourtant on a vraiment aimé et on est sincère, pourquoi le vivre scandaleusement, théâtralement ? Les choses ne sont-elles pas plus faciles dans la discrétion, le respect des mémoires dans l'intimité ? Certains ont besoin de montrer et d'en jouer, cela les aide sans doute… C'est tout ce qui compte vraiment au fond, c'est de faire ce qui peut nous soulager ces cœur remplis de chagrin et garder notre lien intact même dans la mort.

- La perte d'un être cher est profondément bouleversante. Cela chamboule la vie, intensifie les émotions et fait ressortir le meilleur ou le pire au grand jour. La part du chagrin et ce sentiment d'impuissance mêlée à la culpabilité, enrobent le cœur du proche. Le chagrin face à la perte d'un être cher, l'impuissance de ne rien pouvoir y faire et la culpabilité de ce qu'on aurait dû, pu ou pas faire avant que cette mort ne

s'annonce. Tous ces questionnements rendent le deuil pénible et le font durer plus longtemps. La conscience lourde des pensées omniprésentes. Même les meilleurs souvenirs sont ressassés avec une pointe d'amertume marquée par le vide et le manque. On n'oublie jamais, ce n'est pas de cela qu'il s'agit ; on supporte mieux les choses quand elles n'engagent pas notre personne ou notre responsabilité. Il y a toujours un regret. Une sorte de vide qu'on ne peut ni expliquer ni combler. Ça reste éternellement un secret entre l'éploré et le défunt. Puis viennent les intermédiaires qui entretiennent cette fibre et à juste titre car elle les nourrie. Ils conseillent à leur avantage les éplorés en jouant sur la corde sensible avec une pointe de tacite jugement culpabilisateur qui raisonne en fanfare *''achetez plus cher, nos morts méritent le meilleur''*. Personnellement je pense que si le monde se faisait incinérer, il y aurait moins d'emmerdes, pardon ? Oui, j'ai opté pour cela cher ami ! Un mort est un mort et il faut l'accepter. Pardon d'être si cru, les natures très sensibles me le pardonneraient moins ; mais qu'il soit mangé ; après étouffement et putréfaction par des vers ou cramé et dissolu immédiatement par des flammes je ne vois pas la différence (sauf pour les exhumations après coup), dans les deux cas, il est parti et on ne le reverra pas. Hein ? Les historiens prochains ? Les archéologues ? Les chercheurs ? Eh bien il faudrait bien-sûr revoir les choses en effet ! Il ne s'agit là que de mon angle de vue. Si on doit tous disparaître en cendres, il y aurait au moins le dernier de l'espèce et les ensevelis, les portés disparus… Sinon il n'y aurait plus de spécimen à déterrer et à décrypter ! Mais si l'espèce est en voie d'extinction et qu'on ne peut l'éviter, que diable voudrais-tu faire de tous ces travaux de recherche sur l'homme et son origine ? Et qui serait sensé les mener en fin de compte ?
Après, le blocage se trouve dans la culture des hommes, la fraîcheur des faits, le dénie et la vivacité des émotions. Une fois la douleur digérée et les faits acceptés c'est possible. Mais aussi dans le principe de l'enseignement, les coutumes ancestrales, les croyances spirituelles, les traditions, les valeurs transmises, les réalités propres à chaque société sinon à chaque individu. Combien se sont effacées avec le temps ? Toutes ces cérémonies funéraires d'envergure

monstrueuse pour les grands magnats et les célébrités du monde à côté des fosses communes où l'on entasse salement des corps victimisés par des guerres sanglantes, des catastrophes naturelles et autres... Dans le temps, certains rois ne partaient pas seuls pour le repos éternel, ils entraînaient avec eux à leur dernière demeure, un nombre incalculable de personnes à sacrifier pour les accompagner dans leurs tombeaux. Te rends-tu compte de toutes ces morts inutiles et injuste ? On parlerait aujourd'hui, de suicide collectif et de sectes tueuses. Si cela existait encore de nos jours, nos commerçants en jubileraient, chaque mort compte même pour une cérémonie de pacotille achetée. Pour ma part, la terre aura plus d'espace et on y consacrerait moins de temps. La mort passe par les sentiments et lie les sujets. Les opportunistes en créent alors une source de revenus considérable et battent leurs campagnes pour soutenir leurs commerces et maintenir les affligés dans l'émotion afin de mieux les détrousser. Le mort coûte parfois plus cher que de son vivant, vous y trouverez une panoplie de prestations post-mortem, du lavage, à la parfumerie, au couvre mort, vous avez même des maquilleurs professionnels pour ces tristes occasions (quoiqu'utile en certaines circonstances ! On a parfois besoin de voir les choses pour les croire et elles sont mieux quand elles sont bien présentées en effets) et le cercueil... Vous en avez de toutes les gammes, en bois massif ou pas, en or, en argent, en cristal, marbré ou plaqué et j'en passe. C'est au choix, on ne servirait surtout pas à notre cher et tendre un couchage de pacotille pour l'éternité et cela même si de son vivant on s'en occupait à peine. Il s'agit là de l'orgueil et du poids de la culpabilité qui pèse sur le vivant pas celles du mort, il n'en sait absolument rien n'étant plus là. Ces commerçants s'en servent sans limite, pourquoi pas ? Après tout, ça fait tourner le commerce. La vie est un long métrage où chacun joue son rôle. Ce décor théâtral et ses acteurs chevronnés, assidus à leurs déloyales tâches pour grand nombre. C'est ce revers dont nous sommes tous complices, qui me déçoit. Ce sont tes pires ennemis qui pleurent ta mort en face de ceux qui te sont cher quand tu n'es plus là. C'est aussi ceux qui le font avec sincérité et que tu n'auras jamais l'occasion de remercier.

D'un côté nous naissons et de l'autre nous disparaissons. Entre deux il s'écoule du temps et des vies. Nous essayons d'apprivoiser cet espace qui nous porte et ces créatures qui nous accompagnent le long de ce chemin clairsemé de toutes sortes d'obstacles et d'expériences inédites. Nous marchons, courons même ! Vers une fin certaine avec pour seule et ultime motivation, l'espoir d'être éternel, celui de la reconnaissance même après notre petit passage dans ce vaste univers impalpable. Beaucoup courent après des chimères car chaque vérité qui paraît absolue, s'efface lentement avec le temps et le recul nécessaire pour laisser place à une autre toujours aussi convaincante sinon plus. Nous finissons alors par céder avec un goût d'inachevé et un mal-être non justifié malgré les charges positives qui nous incombaient car nous savions depuis le départ que c'était la règle première du jeu. Nous sommes venus pour partir. Et pourtant, nous tirons notre révérence en étant toujours insatisfaits.

- Tu me fais penser à tant de choses… Je me souviens encore de ce collègue au tic nerveux qui m'a laissé une belle empreinte. J'y pense souvent. Nous avons travaillé ensemble dans une vie antérieure, sur une plateforme où nous étions tous sur un même plateau les uns à côté des autres. Cet homme était très intéressant du point de vue humain. Porté par sa gentillesse et sa présence d'esprit for impressionnante mais il faisait peur quand on le rencontrait pour la première fois. En effet, dans le silence le plus total, il est arrivé à nous surprendre par une agitation pour le moins alarmante. Sa crise se manifestait par des sursauts et des cris assez compromettants, des grossièretés incontrôlables avec une gestuelle tout aussi effrayante. Sur le coup, la panique a régné dans cette grande salle, mais avec le temps, il a été plus abordable d'apprivoiser sa maladie. En effet c'était un trouble neurologique connu sous le nom de la Tourette. J'en avais déjà rencontré mais sous une forme différente. Si tu savais cela, tu comprenais tout à sa situation. Nous étions devenus si proches qu'on en riait au bout d'un moment. Oui c'était un sacré bougre, il savait rire de lui-même. Et le voir se tourner en autodérision malgré toutes les souffrances par lesquelles il passait sur son chemin de vie, m'a charmé et m'a

plus attaché à sa personne. J'ai été particulièrement touché quand j'ai appris qu'il avait tiré sa révérence. C'était un homme bon, malgré son handicap, il avait une telle légèreté dans sa façon de vivre et de concevoir le monde qui me fascinait. Dans la panoplie de ceux qui pavent notre chemin, entrent et sortent de nos vies, il y a certainement un panel de personnes de valeur à retenir et celles qui ne méritent surtout pas qu'on s'intéresse à elles. Certaines rencontres nous laissent de belles traces.
Le monde a besoin de plus d'écoute et d'amour c'est tout ce que j'ai fini par tirer comme conclusion. Toutes mes rencontres me le prouvent encore et encore, des patients, aux amis et jusqu'à la plus anodine de mes rencontres. Beaucoup de personnes passent leur temps à parler sans jamais se faire entendre, d'autres ont fini par se lasser de le faire et n'ont alors plus que leurs yeux pour observer, pour certains cela fini en psychiatrie, à l'asile ou en marge de la société. Bien évidemment leurs situations ont souvent des faits qui concordent et chacun selon son histoire justifie sa fin et la crédibilise. Il y a tout de même des exceptions. Le cas le plus complexe c'est le taciturne, j'en ai rencontré quelques-uns, je les appelle les huîtres. Ils se renferment en guise de protection et finissent par en perdre le verbe. Ils ne parlent plus et se terrent dans un silence végétatif. Le cerveau surchargé par un stress chronique aigu, qui ne tient plus, les neurones déchargés ou interrompus qui ne donnent plus ou donnent mal en connexion, l'esprit affolé par tous ces retournements et ce tohu-bohu que le corps lui-même ne peut plus gérer, l'habitat charnel ou ce qui servait d'habitat devient nerveux, dysfonctionnel et tendu.
Ce corps névrosé s'exprime et s'extériorise en toute sorte de mal-être qui entrave l'hôte et l'empêche alors de vivre sainement. Ce trop-plein d'angoisse se décharge en faisant éruption ! Vous avez l'expression corporelle qui part de de l'eczéma, au psoriasis et tant d'autres plaies aux noms bizarres ; visibles du corps. La psycho somatisation. Mais il y a aussi le comportement qui est affecté, le mutisme, les toc, les tics nerveux, la folie douce, les éclats, la violence, l'agressivité… Un nombre incalculable de dérivés associés à

un mal-être non sondé que le corps exprime à sa façon pour se soulager.
C'est un long cheminement à rebours pour les faire sortir de leur torpeur s'il n'était pas déjà trop tard.
Ils sont si lessivés par le flux important de leurs pensées interminables, ruminées et leurs neurones déglingués à force ont fini par les lâcher. Alors cette grande fatigue morale que nous appelons parfois dépression, affecte curieusement aussi leurs cordes vocales dans certains cas et donc leur inhibe la parole. Au fond c'est très complexe ! Parfois il faut chercher cet être frêle ou cet enfant blessé longtemps emprisonné au fond de l'âme pour l'extirper de ce labyrinthe complexe psychologique et charnel et le faire remonter à la surface. Aucune noyade de la douleur n'est indéfiniment possible. On garde un moment les choses au fond mais au bout d'un certain temps, elles pourrissent et empoisonnent leur cachette. Il faut alors les faire sortir, vider et nettoyer ! C'est comme si on essayait de mettre de la nourriture dans un garde-manger ; on sait qu'elle est là et qu'il faut la manger. Le seul problème qui se pose, c'est le temps qu'on mettra à s'exécuter. Soit on la mange à temps et elle est profitable dans ce cas, soit on la garde beaucoup trop longtemps et dans ce cas-là, elle se décomposera et dégagera des odeurs pestilentielles de pourriture. Il faudra alors s'en débarrasser. Il en est de même pour le corps, il faut le « nettoyer ». L'oubli ? Eh bien, cher ami ce n'est pas chose aisée ! Ce n'est pas non plus un comprimé facile à digérer. Il est momentané, temporaire, le temps d'intégrer les choses et de les assimiler. En trame de fond, les méninges travaillent, les nerfs broient le noir, l'obscure en attendant la lumière. Le corps essaie de gérer tout ce stress en acceptant sans vraiment accepter les choses. Un combat perpétuel en son sein. C'est ainsi qu'il s'auto-immunise et se résilie face à ses nombreuses épreuves traumatiques et traumatisantes. Quand on refoule les choses pour s'éviter la mort, la folie ou la dépression sévère, on reste amnésique une bonne partie du temps de travail sur soi. Le traumatisme, le choc et la violence des faits créent naturellement ce phénomène chez le concerné pour le préserver d'une situation plus désastreuse pour lui. On refoule alors les choses le temps de grandir ou

de prendre du recul... Rien ne fait disparaître ces douleurs, pas même la meilleure des volontés. Un jour, les choses ressortent. Elles refont surface et il faut alors y faire face pour un meilleur équilibre psychologique et une meilleure santé psychique. Un travail sur soi très douloureux. Des flashs violents, des remontés de durs souvenirs refoulés... C'est une étape nécessaire pour recouvrer la santé et la sérénité. Là et seulement là, commence le véritable travail de guérison !

Durant son développement, le corps dès sa tendre enfance a une mémoire psychique, neurologique, physiologique et tout un tas de tralala scientifique associé. Chaque étape laisse son empreinte même si nous n'en avons pas conscience. Ce corps accumule les différentes étapes traversées qui forgent et forment l'être que nous devenons. Par expérience de joie, d'excitation, de peur ou d'appréhension, les manières même de penser ou d'interpréter les faits, découlent de notre éducation, notre interaction sociale, notre culture et fondamentalement la vie sociétale avec laquelle nous interagissons ; mais aussi l'impact laissé sur notre connexion neurologique du cerveau durant notre développement primaire et ce qui s'en suit après. La manière dont nous stockons les données ingurgitées, comment nous les traitons, les assimilons et les intégrons est propre à chacun. Notre capacité d'adaptation est puissante grâce à l'élasticité de notre cerveau (comme un caméléon, il épouse ce qui l'entoure et s'y confond) ; mais aussi à sa capacité sélective sur notre développement dans l'interaction avec l'environnement qui nous entoure. Il va où il est mené mais sélectionne ses idées pour sauvegarder et protéger son logeur. Il aide au camouflage, au travestissement, à la protection, au secours du corps. Les difficultés rencontrées durant cette évolution, créent des conflits internes à notre être desquels découle une dualité, un décalage entre ce que l'on est et ce que l'on voudrait être. Les situations traumatiques créées par notre perception des faits, incomprises et inexplorées se greffent à notre sensibilité, affectent et changent notre système nerveux, restent non digérées et reviennent souvent nous hanter. Ce qui se traduit par des cauchemars, des relances violentes qui font revivre les scènes traumatisantes encore et encore, des troubles dissociatifs de personnalité, des troubles obsessionnels comportementaux et pleins d'autres dégénérescences pathologiques humaines. Cela peut se nicher dans la plus tendre enfance et remonter des décennies plus tard sans que l'on puisse vraiment savoir de quoi il s'agit. Il faut creuser et trouver des souvenirs refoulés, oubliés pour protéger le petit être que l'on était au moment du traumatisme. Toutes ces mémoires ancrées au fond de nous-mêmes font un jour ou l'autre surface comme l'huile sur l'eau et parfois nous explosent en pleine figure. Le besoin de se libérer de ces émotions pesantes et douloureuses longtemps gardées se fait violemment sentir. Il existe plusieurs soins possibles. L'hypnose en thérapie est un outil qui a fait ses preuves dans la manière dont on l'utilise pour obtenir une amélioration sur ces états de fait chez les patients. De ce fait, tous les maux qui nous affectent sont logés dans le cerveau et ont leurs empreintes sur le corps. Nous créons nos réalités avec nos pensées, cela conditionne le comportement, le corps et donc notre vie. Parfois, nous avons subi des situations extrêmement violentes et notre corps les rejette en les reléguant à l'oubli (un blanc temporaire ou définitif avec des flash intempestifs qu'on a du mal à interpréter) pour pouvoir nous sauver de la mort ou de la folie. Nous allons jusqu'à somatiser nos maux pour nous soustraire de nos hantises. Certains chocs émotionnels laissent des séquelles terribles, de béantes cicatrices dans l'âme. Un vécu douloureux, non assimilé et enfoui, cela se répercute sur la vie de tous les jours. Ces émotions enfouies et retenues se diffusent dans notre corps, percent notre chair et coulent dans nos veines au point parfois d'être carrément visibles ; faisant irruption sur notre peau pour s'exprimer en maladies découvertes, plaies ouvertes. Le corps appelle au-secours ! Dès lors on transpire sa douleur. Cette douleur longtemps gardée emprisonnée dans la chair. Il est alors nécessaire de traiter les racines du mal. Prendre conscience de ces faits est le premier pas vers la guérison et/ou la décision de la guérison.

- Tu m'épates ! Je suis sur une lancée différente mais j'aurais besoin de ta lanterne pour m'éclairer sur cette zone d'ombre cher ami. Il y a depuis quelques décennies, un mal qui sévit en silence et décime nos populations sous un silence témoins et complice des dirigeants. Celui d'un vent de folie qui souffle et continu de planer encore. Ce n'est rien d'autre qu'une démolition mentale engendrée par la consommation du cannabis communément appelé zeb ou ganja par ici. Sans doute la génétique y aurait son mot à dire mais la dégradation est de fait, accélérée par certaines pratiques… Pardonnes-moi l'expression mais ces drogues ont déglingué tous les neurones de leurs fidèles et réguliers consommateurs. Si tu fais un tour dans des familles de la place ici et là, tu y trouveras sans nul doute un pauvre jeune-adulte détraqué, entamé et transformé par cette substance à la base bénéfique mais qui semble clairement être mal utilisée par nos concitoyens. Nos cadets, pour échapper à leurs dures réalités, prennent souvent cette tangente. C'est une épidémie, elle nous concerne directement. Les curieux qui, à priori, y mettent la main pour assouvir leur curiosité et finissent par y laisser le corps tout entier ; les jeunes désœuvrés, les oisifs et les fainéants y trouvent refuge, s'y complaisent par les rêves éveillés et l'illusion qu'elle leur offre, les hallucinations farouches qu'elle leur miroite et se détruisent à coup de pète comme ils aiment à le dire. Le délire momentané qui leur semble anodin, dont ils deviennent vite accrocs et qu'offre cette drogue d'évasion pour beaucoup à leur début, lorsqu'il est poussé trop loin ; devient un véritable délire, psychologique et psychiatrique. Il entame la raison et le raisonnement. C'est pourtant médicalement, un remède qui s'est avéré miracle et efficace dans le traitement de certains troubles et maladies du corps quand la plante est bien utilisée et qu'elle reste sans abus. A se demander de quoi est réellement aspergée celle consommée par ici ? A quoi serait-elle coupée ou assimilée ? D'où proviendrait-elle ? Est-elle seulement composée de l'herbe pure à laquelle le monde scientifique semble conférer autant de vertus profitables pour le corps et l'esprit ? Ou y ajoute- t-on d'autres composantes de nature dérangeante à prendre en considération dans le fléau et le chaos qu'elle semble engendrer sur son passage ? Certains, sans doute prédisposés à une anomalie génétique qui, aidée par la consommation excessive de cette substance même pure peuvent mal finir. Beaucoup sont devenus bipolaires, d'autres sont devenus fous ou à moitié fous ! Mais là, il s'agit tout de même d'une belle partie de la jeunesse. Tantôt conscients et réceptifs au monde qui les entoure, tantôt complètement à l'ouest avec des raisonnements farfelus et incohérents. Quelque chose en eux se brise, se déconnecte... Tu perçois un je ne sais quoi de fragilisé, de brisé en eux lorsque tu les regardes sans pour autant pouvoir l'identifier. Les faits sont là, tu peux ressentir la fêlure, cette mystérieuse faille qui les rend incomplets et potentiellement dangereux mais impossible de les catégoriser. Parfois on se rend compte du danger seulement quand il est trop tard. Certains, atteints gravement par ces symptômes, abandonnent toute vie sociale et active devenue alors difficile pour une simple cause, la paranoïa, la schizophrénie ou des troubles schizoïdes ; ils négligent leur aspect corporel et vestimentaires, racontent des histoires totalement imaginaires et invraisemblables, vivent en reclus et deviennent des marginaux. Le monde qui les entoure leur est perçu différemment et les personnes les plus proches se méfient d'eux tout en observant impuissantes, leurs situations dégringoler de jour en jour sans savoir quoi faire pour leur venir en aide. Quand cela reste sans danger pour la population c'est déjà un grand pas. Mais, il en existe aussi qui broient du noir, deviennent violents et agressifs. Cela peut s'avérer insurmontable lorsque l'on sait qu'ils peuvent être amenés à entretenir des pensées suicidaires ou même à devenir des meurtriers dans le pire des cas. La question mérite que l'on s'y penche un peu plus sérieusement avec des investigations plus profondes. C'est un véritable problème de société.

- N'oublions pas qu'à cela s'ajoute la dérive des bonnes intentions qui par méprise et par dépendance, s'adonnent à la consommation excessive des comprimés dopants et destructeurs aux origines douteuses qu'elles s'approvisionnent dans les pharmacies par terre comme le tramadol, le diazépam, l'amphétamine et la métamphétamine. Eh oui cher ami ! J'échange beaucoup avec la jeunesse et tu seras surpris de tout ce qui circule dans les ruelles de cette ville qui semble si calme. La plus prisée parmi toutes ces drogues c'est le tramadol plus connu sous le nom du tramol. Quand les moyens manquent pour se procurer ces pilules, ils en viennent à en créer ces gamins ; ils s'improvisent chimistes et sortent du soug'daye, ce liquide incolore et inodore à forte toxicité dont ils se pètent la gueule et les tripes. Il y a aussi de la colle que beaucoup de jeunes s'évertuent à sucer en sachet ou en tissu, pour selon eux, se mettre bien. Ces jeunes gens qui s'adonnent à ces consommations destructrices causent de sérieux problèmes à leurs familles ou se retrouvent délinquants caractérisés dans les rues. Leurs parents pour la plupart des gens responsables, respectables et qui ne sont pas à plaindre, doivent faire des mains et des pieds pour réparer les dégâts que causent leurs bambins à la société. Ce sont là des pratiques malsaines qui occasionnent la délinquance caractérisée et la destruction des jeunes à petit feu. Je ne puis vraiment me prononcer sur le sujet mais filer les jeunes, les enfermer dans une cellule et plus tard les remettre en liberté, ne semble pas porter son fruit. J'ai grand espoir que les responsables de la santé publique et les organismes antidopage travaillent main dans la main pour stopper cet engrenage infernal.

- Tu touches du doigt un sérieux problème de nos sociétés. Ceci est en effet une bien triste réalité en plus des profils peu flatteurs que la société crée chaque jour. Des êtres oisifs, le cul collé sur une chaise du matin au soir, pour espionner, calomnier et ou décortiquer chaque passant à chaque coin de rue de la ville est monnaie courante. Ils n'ont que ça à faire, aucun but à atteindre ; rester là, quémander des pièces pour du thé et laisser le temps passer sans rien réaliser de concret leur vie durant. Ces individus vivent souvent au crochet de ceux qui triment pour pouvoir se réaliser. Tels des parasites, des sangsues, ils essaient de tirer vers le bas celui sur qui ils comptent pour vivre au lieu de se battre pour faire mieux. Une véritable plaie sociale. Il serait peut-être grand temps de repenser le système éducatif et instructif. Tout ce chômage et ces êtres nonchalants qui s'y plaisent, cette complaisance à se laisser aller et à vivre au crochet des autres est trop facile ! Chacun est bien capable de quelque chose, devrait pouvoir se débrouiller et compter sur lui-même. En lieu et place de certaines disciplines peu ou pas utiles, enseignons aux enfants des choses plus pertinentes qui plus tard serviraient leurs intérêts et sauveraient des vies. On pourrait même tout bonnement intégrer ou rajouter ces suggestions plus qu'utiles mais nécessaires. Nous avons à cela, qui s'ajoutent d'autres actions comme les gestes de premiers secours, les numéros verts, le code de la route, l'éducation sexuelle, les différentes problématiques de la société, des mondes, les arts, la culture, le jardinage, les droits et devoirs fondamentaux d'un citoyen... et bien d'autres choses très intéressantes et surtout très pratiques et utiles à savoir. Il faut remanier les choses et reformater les esprits qui se sont trop laissé aller. Chacun à son niveau peu agir et ce sont les mains de tous qui feront le travail accompli. Tout le monde n'a pas la même fibre d'exploration de don ou de talent et donc chacun devrait avoir sa chance dès la base. Cela ne résoudrait pas tout mais il faut bien commencer quelque part.

La Pilule

Une petite fièvre m'a fait garder le lit pendant quelques jours. Je me sentais beaucoup mieux et j'avais besoin de bouger un peu.

Wallet m'a appelé pour me dire de vite m'apprêter. A peine le temps de lever le pied (je me contorsionnais et étirais mon corps sous toutes ses coutures pour faire circuler les énergies), la voilà qui est passée me chercher en vitesse ! Elle s'est assise et m'a regardé méditer après mes étirements. Quand j'eu fini, elle me pressa de questions sur cette pratique. Je lui parlais alors de ce que je faisais. Une discipline sportive que j'ai concocté à ma sauce et qui, servie tous les jours, m'aidait à canaliser mon énergie. Il s'agissait d'un assemblage de mes différentes expériences combinant certains exercices physiques à la respiration et la méditation. C'est ma pilule dopaminergique. Je lui ai donné un nom, le hypyoga. Je l'ai recommandé à certains de mes patients qui en ont été satisfaits. Si cela marche pour moi, ça marche bien sur quelqu'un d'autre et l'effet est bénéfique pour la santé en général. Je finissais par la proposer en soin complémentaire à beaucoup de mes patients qui en ressentaient le besoin. Il n'y avait que du bon qui en ressortait. Cela détend mon corps, dispatche et rééquilibre son énergie ; le tonifie, le rend plus endurant, l'assoupli et le détoxifie. Il m'aide à libérer les énergies négatives et à nourrir le spirituel de mon corps en même temps qu'il renforce le côté charnel, à trouver mon équilibre intérieur et à ressentir pleinement la communion entre le corps et l'esprit.

Elle était enchantée de cette découverte ; elle me remercia pour le partage et me fit découvrir une pépite en me faisant écouter des slows enivrants. En même temps, elle me contait ses rêves les plus fous de vouloir un jour rencontrer l'auteur d'abord puis de faire un duo avec lui ensuite. Joe Thomas, ce talentueux poète intemporel et immortel. Ce grand chanteur et habile diffuseur de l'amour infini.

Il manie si bien les mots qu'il en ressort un sens divin lorsqu'on l'écoute (frissons garantis). C'est un maître incontesté et incontestable dans son art. Cette voix suave, cette attitude charismatique, ce groove, ces mélodies, cette doucereuse tendresse de dire les choses, c'est vraiment un "tout" ! Seuls le génie et les temps d'inspiration accouchent d'une œuvre accomplie. Ce prodige lui, cumule sans aucun doute les deux. Elle avait raison ! J'ai adhéré.

J'ai vite fait de me préparer pour profiter des joies qu'elle m'offrait et de la surprise qu'elle me réservait. On ne pouvait plus se passer l'un de l'autre. Cela devenait évident à chaque fois qu'on se voyait. Nous étions tombés sous le charme l'un de l'autre à force de passer d'agréables moments ensemble. Au-delà de tous ces somptueux moments, nos personnalités collaient et nous nous appréciions mutuellement. Nos regards allaient dans le même sens et nos esprits se rencontraient en grande partie. Nos divergences étaient moindres et on finissait toujours par s'accorder dans le respect et la compréhension quand on avait des points de vue différents. La communication entre nous était fluide et sans tabous. Nous pouvions parler de tout ! Mais absolument tout et sans gêne.

Nous avons passé des moments inoubliables autour d'un grand feu au bord du Niger, le fleuve coloré, à la pilule, la magnifique plage de Niamey. Les convives jouaient chacun son tour à la guitare et chantaient en chœurs, Wallet leur entonna un couplet et me surpris agréablement. Un de ses talents cachés, c'était sa mélodieuse voix suave et langoureuse qui attendrit les cœurs, calme l'esprit et détend les nerfs. Une véritable diva vocale lorsqu'elle laisse découvrir son aura. Un régal pour les oreilles, cette belle ambiance était accompagnée de thé et de biscuits apéritifs faits maison qu'on appelle doubla, de la viande de bœuf grillée succulente et juteuse à souhait qui fait la fierté de ce pays et à juste titre accompagnée de fromage sec légèrement grillé le tchoukou, un pur délice. Ces chants s'élevaient jusqu'au ciel pendant un bon moment, des blagues et des rires fusaient jusqu'à épuisement. Ce choc des cultures sur un air de désert me laissait rêveur. Partagé entre monts et merveilles, bercé par les timides vagues du Niger qui s'échouaient doucement sur les bords de ces plages souvent fréquentées par les autochtones mêlés aux autres cultures lointaines et proches, le son mélodieux chanté en dialecte mais les mots pour moi incompris des suaves voix des divas accompagnant divinement le groupe de ces guitaristes émérites et les jeux des guitares si bien accordées et jouées majestueusement m'enveloppaient ; mes oreilles en jouissaient inlassablement. Quel délice ! Un pur moment de merveille qui me laissait loin de mes temps d'œuvre et m'ôtait toute la dernière fébrilité de ma fièvre de quelques jours. Ma lassitude et l'ennuie que j'aie pu traîner jusque-là s'envolaient. La musique et la bonne compagnie c'est diablement thérapeutique !

Cette nuit, nous sommes rentrés tard ; fatigués mais satisfaits pour reposer nos corps ankylosés de sommeil. Wallet ne s'est pas fait prier pour rester avec moi.

Le terroir/ Cet ancrage

J'avoue que je suis séduit par la viande de ce pays, son goût mais aussi sa tendresse, c'est une des merveilles du Niger et ceci sous toutes ses formes, crue en tartare, cuisinée et séchée comme du kilichi qui fait partie du patrimoine culinaire du pays ; cette viande finement effilée et aplatie, arrosée d'épices savantes et sélectionnées puis séchée, un incontournable pour tout touriste. J'en ai pourtant goûté de viandes ! Jusqu'ici c'est la deuxième meilleure viande que je mangeais de ma vie, la première fois c'était en Argentine, je m'en suis gavé mais je n'en ai jamais perdu l'appétit, c'est exquis. J'ai aussi goûté à ce fameux gâteau au caramel, moelleux à l'intérieur, croquant de l'extérieur et très sucré "alkaki", une pâtisserie savoureuse et très orientale qui est réalisée à base de mélange farineux puis trempé dans du caramel pour le plus grand bonheur des consommateurs. Avec Wallet, je suis passé de découverte en découverte, apprenant ainsi à dire bonjour et au revoir en tamajeq puis en d'autres langues vernaculaires. Dans nos débandades, nous avons visité le relais Canasi d'où elle a reçu l'invitation de ses acolytes et m'en a fait profiter. Un vaste espace dégagé à l'extérieur de la ville, bordé du fleuve et des jardins environnants. Il s'y trouvait une sorte de grand terrain de golf sans gazon et d'autres espaces sportifs du même genre. Nous avons continué à dénicher tous ces trésors cachés aux non-initiés tels que le Karey-gorou, ce fameux lac des crocodiles (bêtes que je n'ai jamais vu dans le coin ; en passant), le parc du w qui s'étendait sur une large surface et bondé d'animaux sauvages, les traversées en pirogue pour observer les hippopotames...

Nous avons à l'occasion pris une pirogue ; accompagnés par le piroguier pour faire une traversée du fleuve, nous avons pu observer de loin, à notre retour les hippopotames qui s'y baignaient. Le piroguier nous a conseillé de rester à distance car il y avait des bébés hippopotames, nous avons respecté cela. Un délicieux

moment qui s'est naturellement fini avec le beau couché du soleil.

Mémoires crues – Le coupe-gorge

Deux jours après, sorti de chez un ami dont j'avais affaire au quartier Plateau, je longeais la ruelle sablonneuse et souvent malfamée qui s'étendait entre le lycée Issa Béri et le collège du CEG5. Pour un quartier de haut standing, cela semblait contradictoire. Cette route avait mauvaise réputation pour les dangereux rassemblements qu'elle hébergeait souvent, ceux des consommateurs de drogues dures, d'agresseurs occasionnels, des braqueurs assidus et des dealeurs de fortune. C'est derrière l'un de ces murs qu'un vieil ami, Rudy ; un homme bon, gentil et qui avait de la tendresse pour l'humanité tout entière, s'est fait massacrer à coup de parpaing sur la nuque. Il venait souvent dans ce quartier pour y retrouver ses copains de vadrouille et ses amis d'enfance, lui-même n'y habitant pas très loin. Je l'ai rencontré ainsi lors d'une de ses virées innocentes et nous avons vite sympathisé. Il faut dire que c'était une charmante personne, avenante et tellement attachante par son caractère for sociable. Nous nous sommes liés d'affection pour sa grande ouverture d'esprit et sa grande générosité de cœur. Nous avons souvent longuement discuté de la vie et des choses qu'elle impliquait, c'était un homme d'esprit et je partageais sans efforts beaucoup de ses convictions. Il semblait vivre dans un autre monde de par ses perceptions, il voyait le bien en toute chose et le transmettait royalement. Il incarnait le bien en personne. Pour l'avoir fréquenté, je pouvais mettre ma main à couper que cet homme ne pouvait avoir d'ennemi sur cette terre. Mais les circonstances l'ont condamné. D'après les riverains, il a eu le malheur d'intervenir dans une histoire de drogue à deux francs six sous dont les dealers qui se déchiquetaient, lui ont froidement ôté le souffle pour ensuite rester impunis. Quelle triste fin pour une si belle âme ! J'ai été chagriné et accablé de cette injustice. Il était au mauvais endroit au mauvais moment et cela lui a coûté sa vie. Rien ne saurait apaiser la douleur causée par cette perte. Rien ne pourrait consoler le chagrin de sa famille surtout pour une mort en de telles circonstances et de surcroît pour quelqu'un comme lui. La mémoire douloureuse de cette barbarie a longuement ébranlé les habitants de cette commune et continue de hanter ses proches. Pris de ce sentiment d'injustice et d'impuissance, je revoyais dans ma tête des images cruelles défiler, celles de toutes ces affiches de disparus que j'ai souvent vu placardées dans les aéroports et un peu partout dans les villes sur mon passage. Ces cris désespérés de recherches d'enfants perdus… Les enfants enlevés à travers le monde, séquestrés, torturés, violentés, martyrisés, violés. Tous ces kidnappings et ces vies fichues en l'air… Ces familles en deuils et ces parents perdus dans une impasse d'incertitude et qui errent leur vie durant ; laissés dans le chagrin, qui en font un combat éternel. Il y aurait à cet effet une source qui crierait aux meurtres de sang froid sur ces petits corps innocents pour ensuite en extraire une substance dite adrénochrome qui garantirait une jeunesse éternelle aux malheureux criminels. J'ignore si la science vérifie et corrobore ces allégations concernant cette lubie mais cela n'efface rien à l'action des malfrats ; et ceci peu importe leurs intentions ; qui font disparaitre autant de personnes dans le monde. Extraite du cerveau des enfants maintenus en vie après d'horribles tortures, cet élixir qui dans les croyances, promettrait jeunesse éternelle aux diaboliques pratiquants de ces monstruosités, serait mourir deux fois pour ces anges. Aucune jeunesse n'est à entretenir à ce prix ! Pas même la vie. C'est injuste ! Ce n'est pas exclu comme théorie sachant que depuis la nuit des temps, ces sacrifices meurtriers existent. Ils relèvent plutôt de l'ordre du spirituel. Les pratiquants puisent leur force dans la souffrance de l'autre, dans son agonie, sa douleur, son désespoir, sa tristesse, ses yeux qui crient et appellent au secours et qui ne seront jamais sauvés, ce corps torturé, mutilé qui ne pourra jamais s'extirper, se sauver, ces personnes qui hurlent à la mort et qui ne pourront jamais s'échapper ; tout ceci est une nourriture pour les adeptes de cette chasse à l'homme ; le sang bu à la fin n'est qu'une consécration. La domination et la possession de cet être qui est traqué, chassé, humilié, dominé jusque dans sa mort, son dernier souffle ; voilà leur jouissance et leur jouvence. Dans les temps anciens (et même de nos jours), des peuples, des sectes, ces satanées personnes en recherche de pouvoirs mystiques, de puissance ou de gloire ; ont sacrifié des nouveaux nés, des enfants, des vierges et même des adultes quelconques pour consommer leur sang, manger leur chair, utiliser leurs ossements à des fins sataniques... Des pratiques pousser plus loin exigent la souffrance du corps pour se conférer un pouvoir ou s'approprier ses bienfaits (jouvence, puissance, pouvoir mystique...), dans ce cas il faut profaner, martyriser, torturer, mutiler et faire subir au corps toutes sorte de sévices inimaginables avant de l'achever ; s'il ne meurt pas de souffrance et d'épuisement avant. Tout ceci découle du machiavélisme et du diabolisme de l'être humain. Cette folie de croire en de telles pratiques comme étant des vérités absolues, se trouvent dans les cervelles détraquées et complètement givrées !

J'arrivai au bout de cette malheureuse rue dont le souvenir me hantait encore, avec le cœur rempli d'émotion et les pieds tout poussiéreux puis je traversai hâtivement la double voie qui la barrait. Cette transversale goudronnée était tout aussi dangereuse mais pour bien d'autres raisons. Je rejoignais l'autre quartier ; celui du Château 1. Je continuai, de l'autre côté, mon chemin droit sur le bas-côté de la route bitumée et quelque peu dégradée pour rejoindre la bâtisse de mes passe-temps en passant devant le lycée La Fontaine afin de me retrouver dans mon café habituel. Il se trouvait sur la rangée gauche des édifices. J'y retrouvai là mon amie qui m'y attendait déjà. Après avoir avalé un verre et planifié quelques projets, nous avons emprunté un taxi pour une autre destination.

Nous avons d'abord tourné dans les rues de la ville et avons fini au restaurant du camping touristique pour le déjeuner, un autre hôtel-bar-restaurant de la place. C'est un espace assez grand à la fois convivial et très discret où l'on peut manger en famille ou entre amis. Nous avons passé un agréable repas, Wallet m'a conseillé d'essayer la conjo, diminutif de la conjoncture c'est rigolo. C'est le nom que porte la bière locale et je l'ai savouré avec appétit. Elle cachait un goût indéterminable de coco ou de noix et c'était délicieux, rafraîchissant et désaltérant. La journée de marathon que nous avons eu m'a bien déshydraté. Wallet me fit quelques confidences durant ce moment.

- Je me suis permis la trêve d'aller en Europe, notamment dans une des grandes métropoles en France. Ayant le goût de l'aventure comme tous ces jeunes de ma trempe qui croient en l'étranger et à tout ce qui lui est associé. J'y ai fait un tour et passé un séjour qui m'a permis non seulement de me rincer l'œil mais aussi d'ouvrir les yeux. Tu sauras très vite pourquoi je parle d'ouvrir les yeux. J'y ai fait ma propre expérience et j'en suis ravie. Les rêves véhiculés qui nous sont vendus chez nous par les images paradisiaques télévisées et ceux de la réussite garantie par nos aînés, n'en sont rien une fois qu'on s'y rend, la réalité nous rattrape. J'ai très vite déchanté. Nous sommes solidaires chez nous, dans le meilleur des cas. Il y a la chaleur et la présence humaine. Quand on est seul et au bout du rouleau, on a au moins le système D pour rebondir. Ici, tu finis vite abandonné, livré à soi ou recasé par un système impitoyable ; soit vieux et parqué dans un mouroir attendant péniblement la fin, soit SDF ; ou alors mort de solitude et de maladie ou de froid dans certains cas. Quelle ne fût ma surprise de voir que la réalité était toute autre. Je l'ai vécu durement, un pays d'exploitation à outrance et de profit. Chaque minute compte et est tarifée. Le temps c'est de l'argent. On n'y a pas le temps de vivre car tout va trop vite. Le travail y est laborieux et la récompense misérable pour le niveau de vie assez cher. Fini le claquage de sous dans les mondanités et la sulfureuse vie de luxe au pays. Fini les réceptions et les cérémonies interminables car de toute façon, il n'y a pas d'amis (faute de temps et de profit). La course au pognon est engagée et demande un grand sacrifice. On s'oublie et on se tue à la tâche sans se retourner, la seule chose qu'on peut se permettre c'est d'aller travailler dur et de dormir lourdement ensuite pour vite récupérer en énergie. J'ai rencontré des immigrés qui travaillaient plus que de raison sur des mois sans payes et le subissaient en silence. Dans des conditions de vie inacceptables. Ceux les plus heureux qui touchaient leurs salaires, avaient à peine de quoi vivre dignement mais n'osaient se plaindre. Ces gens-là, selon la législation, vivent dans l'illégalité car ne possédant pas officiellement de titre pour séjourner dans ces pays d'accueil, ils sont donc clandestins. Ils survivent tant bien que mal en se regroupant pour vivre dans de minuscules pièces à dix voir plus, de vrais cagibis ! Ces lieux de vie où en plus du manque d'espace, l'insalubrité et l'état de dégradation de l'habitat laissaient croire à des ruines plutôt qu'à un habitat digne que ces locataires payent en plus une fortune pour se loger. Si par malheur ils venaient à se plaindre de ces situations humiliantes, il y a de gros bras pour les virer sans tarder. La liste d'attente est longue donc ils seraient très vite remplacés. Ils subissent en silence pour sauver la face et ne pas finir à la rue. Derrière, vous avez au pays ceux qui s'égosillent chaque jour au bout du fil et les harcèlent pour qu'ils n'oublient pas de faire des transferts de fonds réguliers et bien-sûr ignorant tout de leur misère. Pour ces ignorants, tout leur est dû par ces malheureux aventuriers. Pour eux, la vie se gagne facilement et sans effort dans ces villes dites de rêve. Dans leur imaginaire, être en Europe signifie avoir réussi sa vie et être riche. La pression est forte ! Il faut tenir le cap. C'est un leurre !

- Les expatriés (qu'on aime tant appeler immigrés, exilés) se plaignent souvent de ces comportements abusifs venant de leurs familles. Il semble que ce soit une erreur de jugement, une mentalité à revoir. Souvent c'est faute de connaissance réelle des réalités que vivent leurs confrères, quand bien même rien ne justifie cela. La vie est dure partout et il faut se lever pour chercher son pain. C'est en effet un pan à explorer pour en être édifié.

- C'est encore plus dur quand on se retrouve loin, seul. On est alors seul à se débattre face à un système qui, en plus, ne facilite pas la tâche et par-dessus tout, il faut aussi supporter les caprices et harcèlements de ceux qui envoient régulièrement leurs demandes pharaoniques qu'ils exigent d'être exaucées coûte que coûte sous menace d'être banni. Dans ces grandes villes, l'hospitalité fait parfois défaut, les brassages sont difficiles mais le monde s'éveille peu à peu, j'ose le croire. Les préjugés prédominent et il faut se battre plus que de raison pour se frayer un chemin parmi tous ces amalgames. Les barrières mentales que les conditionnements sociaux nous ont aidés à forger sont nos véritables freins dans notre quête de bonheur. Je concède qu'il y ait dans le tas, des mauvaises graines aussi. Seulement, de mauvaises graines, il y en a partout et ils le savent. On ne peut condamner tout un régiment pour la faute de quelques égarés. Nous construisons des barreaux et nous barricadons chacun dans son coin, dans l'individualisation, l'isolement, laissant les uns les autres de leur côté. La vie serait plus conviviale, moins triste et plus simple si on se retrouvait les soirs à partager le souper ou à boire l'apéro tous ensemble pour se souhaiter les bonnes retrouvailles prochaines en se quittant. Hélas c'est un monde où chacun tire la couverture sur soi. Les égos se mènent la guerre. Je n'étais pas dépaysée. Le problème ne se posait pas dans le lieu, c'était plutôt le choc de la violence de l'extrême changement, de la différence des gens qui se répercutait sur moi. J'ai mis du temps à cerner le problème étant moi-même au centre du sujet. En fait la communication étant biaisée, établir un lien social dans ces conditions, devient extrêmement difficile par fermeture d'esprit et distanciation. Avoir des échanges sommaires sans se connaître, était quasi inexistant. Un tel niveau de distanciation et d'indifférence interloque. Il ne s'agit plus de conservatisme, on parle dans ce cas-là de xénophobie, de snobisme, de racisme en l'occurrence (il y en avait qui l'exprimaient carrément ouvertement, pauvres ignares). Mon esprit s'assombrissait au fur et à mesure que je faisais face à de telles réalités. L'esprit libre, collectif, d'échange et d'action que j'ai connue ailleurs n'était plus là, dans ces sociétés zombifiées où la seule chose à faire était la course contre la montre et après l'argent ou l'intérêt. Ces franches salutations, ces sourires courtois, sincères et gratuits venant d'inconnus que je rencontrais fortuitement dans les rues de ma ville, ces riches échanges emprunts de jovialité avec des rencontres brèves avaient disparu. Ah ! Que c'est dommage ! On change de cieux mais on ne change pas les mondes en-dessous.

Ce qui m'a le plus manqué, c'étaient d'abord nos mets locaux faits maison, longuement concoctés avec amour et servis généreusement. Leurs odeurs savoureuses qui te donnent faim avant même d'avoir vu le plat. Ces vendeurs ambulants de toutes sorte de produits de consommation et services qui te trouvaient à ta porte et avec qui tu pouvais prendre le temps de discuter de tout et de rien. Il y avait permis eux, le couturier pour les rafistolages des vêtements usés dont on a du mal à se séparer, le vendeur de noix de cola qui a ses heures fixes de passage, le marchand des produits électroniques et dérivés avec sa charrette remplie à débordement, l'esthéticien pour manucurer les ongles des mains et des pieds à domicile à un prix défiant toute concurrence ! Le vendeur ambulant des produits cosmétiques d'urgence à un prix dérisoire. La vie en Europe coûtait cher et il fallait tenir le cap avec le loyer, les autres charges et toutes les tracasseries financières et paperasseries qui allaient avec. L'administration et ses réclamations interminables ! c'est la folie. C'est un rythme effréné et épuisant, on a l'impression que les choses ne s'arrêtent jamais. Au final, ils ont certains à l'usure ; ils se lassent de se débattre comme des diables et finissent par abandonner le combat pour regagner la maisonnée ; dépouillés, humiliés et avachis. C'est le pot de terre contre le pot de fer. L'imposture c'est le leurre pour tous ces frères et sœurs perdus, quand on ferme sciemment les yeux pour ne pas voir en sachant pertinemment que ce qu'on évite est bel et bien là. Ils se savent condamnés. Croient au mirage de cette aventure. Tu t'imagines débarquer et faire la belle vie, ramasser à la pelle les billets de banque mais la réalité te rattrape très vite et cette réalité qui est tout autre, te refroidit. Ce n'est pas le rêve qu'on te vendait, encore moins ce que tu as pu te faire comme idée, tu as tout sacrifié, laissant ta vie, ton travail, tes habitudes sûres aux portées bénéfiques et qui probablement t'auraient enrichies sans rien t'enlever de ta personne et de ta personnalité, tes amis, ta famille et toutes tes économies y sont aussi passées. Abandonnant ainsi ton ancienne vie pour une nouvelle, soi-disant meilleure. Tu ne peux plus reculer, il faut garder la cadence, tenir les rênes et affronter les souffrances. Quand je pense que beaucoup fuient la misère, la dure réalité, parfois même les guerres sanglantes chez-eux pour s'y réfugier... Avec de la chance, beaucoup de travail et de la patience, certains se fraient un chemin remarquable. Très ambitieux et courageux ils arrivent à bout de tout, mais cette vie-là n'est pas faite pour tout le monde ! Elle dépeint sur le mental et peut même conduire à la démence, la folie. La majorité croupit sous le poids du stress d'un monde robotisé qui roule à mille à l'heure. Certains finissent morts dans des circonstances inexpliquées, sans domicile fixe ou

tout simplement rapatriés. Quand on sort du lot, on a tout au plus une petite vie rangée à entretenir difficilement tant les bouts sont durs à joindre. Le rythme est dur à tenir. J'ai appris à me détacher de mes anciennes habitudes devenues obsolètes quand je me suis retrouvé seule dans ces pays où rien n'était plus pareil. Vous savez comme quand on avait nos premiers téléphones portables et qu'on se croyait invincible et à l'air du temps. Sauf que le temps passe et les mœurs évoluent... Toutes ces anciennes civilisations ont fini enfouies sous les terres et les eaux, remplacées aujourd'hui par différents mondes tournant à la vitesse de l'éclair que l'homme lui-même crée et a du mal à suivre. Aujourd'hui, nous nous rendons compte à quel point ça file et cette évolution concerne tout et tout le monde. Pourtant tout ceci laissera sans aucun doute place à d'autres réalités à venir. Celles où après avoir fait toutes nos preuves et nos prouesses, nous vieillissons et disparaissons… Puis d'autres viennent en faire autant et ainsi de suite.
Tu n'as pas idée de toutes les procédures que j'entreprends avant chaque déplacement. Le temps nous est compté ; nous n'en avons déjà pas assez pour nous réaliser ; même si toutes les portes étaient grandes ouvertes et qu'on nous y accueillait librement et chaleureusement… Heureusement de nos jours on peut en faire beaucoup à distance tant qu'on a une connexion internet dans ces pays dits développés. Malheureusement, on ne peut pas en dire autant pour certains. Le monde est compartimenté et la circulation y est parfois difficile voire bloquée. Cela est fait de telle manière que les plus nantis sont souvent plus favorisés, et encore… Lorsque vous débarquez avec vos galons d'Etat et vos papiers diplomatiques, vous êtes sûrs d'être accueillis avec tous les honneurs, bien sûr vous apportez quelque chose de plus à ces pays, cela n'a rien de surprenant. Mais savez-vous seulement ce qui se passe derrière les murs de certains de ces bureaux administratifs qui semblent implantés pour régulariser les situations précaires des affluents ? Et bien tout est ficelé, il y a un état de fait, les habitants venus de toutes les contrées y sont traités non sans un certain mépris par de simples fonctionnaires. Ces derniers, sensés les accompagner dans leur démarche d'insertion et d'obtention de certains

documents. Nombreux sont ceux qui y sont pour des raisons notables, notamment la famille, les études ou le travail. L'aventure et la découverte ne sont pas non plus mauvais, on ne peut rejeter tel ou tel aventurier ou voyageur passager. J'y ai vu de brillantes étoiles s'éteindre dans l'effort vain de ces batailles acharnées sans issue certaine et des bandits de grand chemin y trouver refuge, s'étendre, s'épanouir et briller du feu de Dieu. Tout est question de chance finalement ! Des gens douées, inspirées et capable sont étouffées, détruites et écrasées sous prétexte qu'elles ne remplissent pas certains critères demandés (ne cochant pas des cases bien définies et limitantes) ou qu'elles ne sont pas diplômées du caractère bien précis au moment même où il est besoin de l'être. Pourtant elles sont douées, intelligentes et créatives, capables de mieux et du meilleur mais elles ne trouvent pas leurs places dans un système délimité, étouffant où peu de personnes ont la chance d'en sortir vainqueuses.

Le dédain est l'approche d'accueil de certains fonctionnaires méprisants. Tels des colosses enragés, c'est avec des crocs et de la bave sale que les étrangers sont parfois reçus et remerciés. Certains devenus vicieux, en font une affaire personnelle et jouent au bras de fer. Ils jubilent de regarder ces gens coincées dans cet espace vague et creux où nul ne s'y sent à l'aise. Ils exultent de voir ces personnes désespérées, qui attendent comme l'arrivée du Messi ; des bouts de papiers tamponnés pour vivre l'esprit tranquille ou assurer leur avenir ; tourner en rond comme des lions en cage et d'en être la principale cause ! C'est ainsi qu'ils prennent leur pied, dans l'indignité et l'infinie petitesse de bloquer les rêves et les vies de ceux qui doivent passer par leurs mains ; juste parce qu'ils en ont le pouvoir. Ils narguent ouvertement, rabaissent et humilient ceux qui sont en face d'eux ; ils vont jusqu'à amputer leurs droits ! Quelle tristesse ! En fin de compte, il faut être un maître yogi ou avoir un sacré coup de sang froid et de maîtrise de soi pour ne pas foutre sa vie en l'air en les recadrant.

De longues queues d'attente dans un froid glacial ou une chaleur étouffante (selon le lieu) devant ces bureaux, (des exilés politiques, des renouvellements de titres de séjour, des travailleurs expatriés, des hommes et femmes d'affaires, et j'en passe) ; pour y passer la journée sans être sûrs d'être reçus. Surtout ne pas oser demander un petit peu plus de renseignement sur la raison de votre présence ; ils vous prennent de haut et la réponse froide et haineuse vous sidérerait. Il y a aussi de charmantes personnes, capables d'empathie et qui font bien leur travail, il faut prier pour tomber sur ce lot, sinon ce n'est pas sans y perdre des plumes et un temps précieux. Quand vous arrivez tant bien que mal à engager des procédures de régularisation, votre cas est parcouru à la loupe ! On vous décortique, vous déshabille, on vous met à nu et pour mieux imager, on fouille dans votre anus et on remonte le canal… En plus pour cela vous devez coopérer en courbant l'échine. C'est le prix à payer pour obtenir un bout de papier temporaire et insignifiant. Vous participez sans rechigner à cette étape dite de transparence en fournissant les preuves incroyables et insupportables de votre bonne foi qui vous sont demandées d'être fournies sans délai ! Bien sûr vous êtes d'accord et vous collaborez, c'est dans votre intérêt ; maintenant il faut les dénicher et ce n'est pas toujours gagné. La présence de votre personne étant à ce qu'il semble être comme une menace, une gêne. Il faut absolument démontrer son éventuelle innocence, son éligibilité, sa légalité et son aptitude à s'intégrer. Si tu es un parent d'enfant du pays, tu dois prouver que tu l'es bel et bien quitte à faire un test ADN ! Aberration ! En plus de démontrer que tu t'occupes de ta progéniture depuis sa naissance. Pour le conjoint non marié, non pacsé ou non lié par une preuve écrite officielle du pays, il doit démontrer l'affiliation par je ne sais quelle diable maudit document légalisé ! De toutes les façons, il faut montrer patte blanche, c'est de cela dont il est question sinon le risque encouru c'est l'expulsion, le rejet, la déportation. Le système est corrompu ! Quand bien même on a fait toutes ces démarches qui coûtent un bras pour arriver à s'exporter, on doit faire face à d'autres procédures encore plus pénibles en revenant sur ses pas ! Retour de nouveau vers son pays pour mieux s'engouffrer ! Dans ce contexte-là, on se retrouve en dehors du territoire et sans marge de manœuvre pour ficeler les choses. Les seuls capables d'extirper de ce gouffre sont les représentants de la loi des pays étrangers en question ;

déployés sur ces territoires ; qui y sont implantés dans le seul but d'exercer en ce sens, mais il n'en est rien ! C'est d'une scabreuse anarchie et cela se vit en silence. Encore heureux lorsqu'au bout de toute ces figures corrompues, on sort vainqueur muni de l'objet de toute cette bataille acharnée. Il ne faut surtout pas dénoncer ! C'est scandaleux ! Ils sont tous complices d'un système archaïque, du temps des cavernes et totalement défaillant où il faut graisser des pattes pour pouvoir avancer. Ils encouragent la corruption et même l'entretiennent par le silence et le cautionnement. Personne ne veut se prononcer, ils sont tous trempés en fait, quel système pourri ! Dénoncer ces faits, reviens à renoncer à ses droits pour s'enliser dans une bataille sans fin, celle où tout le monde vous regarde vous débattre seul comme un diable face aux autorités qui, elles détiennent tous les pouvoirs ! Même ceux de vous refuser vos droits tout en sachant qu'elles sont corrompues et qu'elles n'en ont pas le droit. Mais qui pour vous défendre dans ce cas ? Personne ! Alors il faut fermer les yeux, accepter la corruption comme le moyen le plus rapide d'obtenir satisfaction. L'histoire des droits et devoirs est donc à laisser au placard dans ces moments de sollicitations objectives mais pressantes. Si l'Etat lui-même ne s'offusque de ces pratiques biscornues effectuées en coulisses mais bien latentes et sues pour ensuite les éradiquer, ce n'est certainement pas un sobre citoyen dans le besoin qui s'en chargerait à ses risque et périls. Oui très cher, entre nous, le système est truffé de failles. Imagine simplement des citoyens lambdas d'un pays ; basés à l'étranger. Partis pour y vivre ou pour y séjourner. Bien sûr ils n'ont pas de passeports diplomatiques, ni une quelconque couverture étatique leur garantissant la protection, ni un détachement pour fonction au nom du pays. Ils sont de simples citoyens et ne sont pas « tout-puissants ». Lorsqu'ils ont besoin de faire des démarches administratives, ils se tournent vers l'ambassade de leur pays qui est basée sur leur désormais lieu de vie. A leur grande surprise, il faut faire des pieds et des mains, escalader des montagnes et surtout tenir le rythme ! Ceux qui sont sensés les aider, les enfoncent en fait ! Ils ne bénéficient pas de l'attention dont ils ont vraiment besoin déjà que les administrations de leurs pays d'hébergement boitent et ne leur facilitent pas la tâche avec des demandes infinies de bouts de papiers tamponnés pour justifier leur présence et leur légitimité sur le territoire. Le rôle de ces institutions étatiques détachées, c'est de les représenter auprès de leur pays comme s'ils y étaient présents malgré la distance, de servir, défendre et faire valoir leurs droits et devoirs pour qu'ils aient leurs droits en temps et en heure sans être inquiétés, persécutés et même arnaqués. Au lieu de cela, l'institution les ruine car ils doivent payer une fortune pour chaque dépôt de dossier ; très souvent juste pour l'engraisser, sans compter le temps infini d'attente que cela demande d'y consacrer sous la pression. Quand les dossiers sont transmis au ministère du pays en question, l'ambassade se défait de toute responsabilité concernant le suivi et demande à l'intéressé de se débrouiller pour finaliser sa requête en faisant suivre son dossier à sa charge et avec tout ce que cela comporte directement au niveau du pays en question, par un représentant qu'il aura lui-même désigné sans engager la responsabilité de l'institution en question. La question est "à quoi servent alors ces ambassades au fond" ? Ne peuvent-elles pas faire ces démarches du début à la fin pour correctement jouer leur rôle, justifier et valoir leur présence ? Et pour ceux qui n'ont pas la possibilité de faire suivre leurs dossiers sur place, qu'adviendra-t-il de leur sort ? Quelle communication existe-t-il entre les institutions étatiques et leurs services détachés sur les sols étrangers ? Ne sont-ils pas là pour aider et protéger le citoyen lorsqu'il se tourne vers eux ? En fin de compte ce sont toujours les mêmes qui trinquent ! Vous vous retrouvez seul, loin et incapable de comprendre ce qu'il se passe car la communication est biaisée. Mais il faut faire avec car c'est encore le seul moyen qu'il existe pour se munir. C'est honteux !

Spectacle – Soirée mondaine

Le soir venu, nous prévoyions nous rendre chez Rhissa, un oncle de mon amie pour assister à la fête qu'il offrait pour l'anniversaire du mariage de sa fille. J'invitai Arfou sous la demande de Wallet qui souhaitait vivement rencontrer cet homme dont je ne cessais de faire l'apologie. Il se fit une joie de répondre présent en nous retrouvant chez moi et nous nous mîmes en route pour ne rien rater de la réception qui nous attendait. Un échantillon de ce qu'il se passe dans l'Aïr en temps de fête traditionnelle et de célébration de mariage et naissance. Ces beaux visages, quelque fois portant fièrement des balafres ; chargés des us et coutumes des lieux d'où ils sont originaires, leurs régions, leurs tribus, leurs villages ; montrent l'authenticité de ces derniers et celle de leurs pratiques ancestrales qui, pour certaines, tendent à disparaître. Tous ces accoutrements m'ont mystifié. Ces hommes fiers qui, tout en dansant énergiquement ; brandissaient des sabres et des glaives en faisant des simulations démonstratives de maniements ancestraux, m'ont charmé. C'était magnifique ! Ils sautaient super haut puis s'abaissaient en pliant leurs genoux dans un geste grâcieux ! Une mécanique assez physique qui semblait pourtant ne leur solliciter aucun effort. Le thème était le Bianou m'expliqua mon amie, un terme qui désignait toute cette majesté savamment démontrée par ces braves hommes costumés ethniquement pour l'occasion. C'était une fête où le brassage culturel était à l'honneur ; son oncle était aimé de tous. Il y avait là hommes et femmes venant de la ville et de plus loin encore qui se réjouissaient de se retrouver pour partager du temps ensemble. Il y avait les touareg et les arabes, les Tchadiens, les Toubous, les Haoussa et les Djerma. Tout ce beau monde rassemblé, était coordonné par le chef Houidiss le beau-père de la jeune mariée, qui s'occupait de l'organisation des festivités tel un maestro devant son orchestre, en concert. Ces belles touarègues étaient vêtues de robes cousues sur lesquelles il y avait des broderies ethniques. Les Toubous portaient majoritairement des saharis tout comme les Tchadiennes et les arabes également ; soit en tenues traditionnelles cousues et personnalisées selon leurs goûts. Les autres portaient des tenues confectionnées en lace, en soie, en basin ou en tissu pagne. Toutes étaient parées de somptueux bijoux en or ou en plaqué qui scintillaient. Les consœurs de Wallet, elles, avaient le visage enduit d'une poudre jaunâtre en guise de maquillage et de protection contre les rayons ultra-violets même si l'astre s'était retiré depuis quelques heures. Du côté des hommes, ils étaient presque tous enturbannés, on pouvait les distinguer les uns des autres à travers l'habillement vestimentaire ethnique selon chaque région et chaque tribu. Lors de ces rencontres grandioses, tout le monde se mettait sur son trente et un ! Que ce soit des tenues civiles soigneusement confectionnées sur mesure ou alors des tenues ethniques majestueuses. Chacun y va sa parure et tous reflètent l'engouement. Dans la salle de spectacle, il y avait des femmes qui dansaient des fesses, des hanches, du ventre, des épaules ou du cou tout en balançant les bras d'un côté et de l'autre ou en applaudissant. Ma foi ! J'étais étourdie par toute cette matière agitée et l'énergie qui s'y dégageait. C'était quelque chose à regarder. Les hommes en faisaient autant de leur côté car les deux genres n'étaient pas mélangés. Wallet est restée avec nous, nous faisions exception. Ils sautaient dans tous les sens en faisant des démonstrations vives et en balançant les jambes assez haut en l'air. Mais je pouvais profiter des deux scènes sans problème car les deux salles faites sous bâche, étaient séparées par de simples rideaux épais, gardés ouverts. La fête était belle et le monde présent était heureux. C'était manifeste. Rien ne dérangeait cet équilibre. Ceux qui mangeaient la mise en bouche, pouvaient discuter et regarder le spectacle et ceux qui dansaient étaient tout simplement en transe, ils oubliaient presque qu'il y avait du monde autour tant ils étaient à fond dans leurs démonstrations physiques et vocales.

Après ce concert démonstratif de guerriers en Live, toutes ces jeunes hôtesses désignées pour le service du repas, se grouillaient pour servir le dîner dans le bruit et la hâte. Les odeurs des mets fumants se mêlaient à celles des hommes. Les convives gaies et bavardes se réjouissaient de ce temps de pause récréative. Une ligne ininterrompue de jeunes femmes en file déboula des cuisines avec les bras chargés de platées fumantes et aux odeurs for alléchantes. Les premiers servis chargeaient déjà leurs bouchées appétissantes de viande juteuses accompagnées de céréales tout en se remettant de leurs émotions. Nous avons eu un succulent dîner qui nous a requinqués en nous soulageant de la faim devant le spectacle qui continuait de battre son plein. Entre nos vives discussions passionnées et les orchestres qui chantonnaient bruyamment, rien ne pouvait nous faire vaciller, l'ambiance se prêtait à toutes les douces folies qui nous animaient. Spectacle enivrant et festivité joyeuse mettaient en l'honneur les amoureux transits qui renouvelaient leurs noces dès la fin de la soirée.

- Quel somptueux spectacle que donne ton oncle là ! Belle organisation !

- Eh oui Henri, c'est une coutume par ici et comme l'anniversaire de mariage de ma cousine coïncidait avec cet évènement, mon oncle aime voir les choses en grand alors il y met le paquet !

- C'est tout de même prenant de rassembler tout ce beau monde ! Mais c'est magnifique. Je me sens chanceux d'y assister.

Nous avalions sans abus nos breuvages distillés et arrangions nos discours épais en nous chuchotant les uns les autre nos sacrés coups de gueules sur les divers sujets d'actualité qui nous rebutaient ; en passant par toute sorte d'indignation ! Sur les agissements incompréhensibles des meurtriers sanguinaires, les coups de folie de ceux qui pètent un câble un beau jour, les maltraitances infligés aux plus faibles, l'écrasement des démunis… Les abus flagrants et ignorés de ces grands hommes à qui le pouvoir est monté à la tête et les a conduits au délire… Tous les débordements de notre belle espèce.

- Nous sommes les gardiens des sceaux de la folie de l'humanité, condamné au secret et au silence, comment est-ce qu'on se vide l'esprit après absorption de toutes ces ondes dévastatrices dans ce qu'il semble rester de ce monde ? Eh bien à chacun sa façon. Ceci, pour ainsi dire, reste un bon moyen de s'abroger de ses fardeaux quelque fois.

Nous sommes dans un monde malléable et chaque époque y apporte son grain de sel. Les sujets jadis tabous et dont il ne fallait surtout pas s'aventurer à ébruiter, sont aujourd'hui la moindre des actualités tambourinant sur toutes les chaînes à tout coin de rue, ils sont vulgarisés et mondialisés ! Les langues se délient... Informations sur informations, bien-sûr les médias aidant ; ce, malgré la manipulation avérée et le travestissement des réalités à travers leurs canaux, le monde en vient à être intoxiqué tant le débit ininterrompu est infernal. On ne s'en sort plus ! Sinon on ne sait plus où donner de la tête ! On a du mal à démêler le vrai du faux, alors on boit tout et on devient un simple objet instrumentalisé et conditionné en fin de compte. Cette bonne vieille ancienne époque où les choses se faisaient comme à la vieille école est révolue emportant ses générations avec elle. Mais même ces époques qui semblent si lointaines, avaient leurs lots de déshonneurs et de désolations. Le mal existe sur cette terre depuis sa création. Les contrats, quelles que fussent leurs natures, se signaient d'une tape dans la main, une poigne de fer et d'une promesse qui se tenait sans jamais faillir car la parole donnée c'était la parole donnée. Eh oui ! Aujourd'hui avec toutes nos lois établies, nos systèmes améliorés et tous nos écrits, noir sur blanc, signés et enregistrés, on arrive toujours à passer nos vies dans des tribunaux pour non-respects des accords ou pour trahisons après avoir lu et signé. L'homme n'étant plus de parole apparemment, sa parole à perdu toute valeur. Il y a, en cela, une chose intéressante que l'on peut noter, c'est que le temps sur son passage, n'épargne rien. Ni les choses ni les vivants. Les Hommes braves, dignes et nobles d'antan ; ceux en qui on pouvait aveuglément faire confiance ont viré au rouge ! Ils ont laissé place à une sorte de chose… Entre escroqueries, détournements, corruption, vol, trahison et je ne sais quel diable autre adjectif horrifique qui caractérise ceux de nos jours, ils sont pour la plupart aujourd'hui devenu des loups déguisés en agneaux. Bien sûr entre temps, le temps s'est écoulé et des générations sincères et loyales avec !

- C'est bien connu, quand on passe toute sa vie à mentir on finit par croire en ses propres mensonges. Le mensonge n'est

alors plus un mensonge ! Il fait office de réalité et passe pour vérité. Toutes les idéologies détournées de leur sens initial, reposent sur un même principe, celui qui par répétition détourne le cerveau de toute logique, l'action devient donc mécanique et pratiquement irréfléchie, on est alors comme programmé à agir ou à réagir de telle ou de telle autre façon. On est conditionné donc on est forcément le résultat de telle ou telle autre société. C'est comme pour les programmes militaires. Un système de torture, de déshumanisation et de bizutage. Les bleus doivent servir les anciens et subir toutes les humiliations et corvées avant de pouvoir un jour prendre leur place.
Ce sont les idées qui changent et encore c'est seulement quand c'est fait, le mécanisme reste le même pour tous. Si tu essayes de vivre en primate reclus dans une forêt ou dans un coin perdu de la planète pour échapper à ce monde de fou, tu seras jugé et traité de fou ! On te trouvera une cellule sans fenêtre, bien minuscule pour t'y enfermer en te regardant moisir. Tu parles d'un monde civilisé ! Il n'y a de place que les programmés, ceux qui sortent du lot ne peuvent s'intégrer dans un tel système.

- Savez-vous pourquoi tous ces savants finissent fous aux yeux du monde avant que l'avenir finisse par leur donner raison en leur accordant du crédit ? Eh bien ils ont du génie ! L'illumination ! L'esprit si limpide et la conscience si éclairée, qu'ils voudraient en faire profiter le monde. Ce monde qui malheureusement ne sera jamais sur la même longueur d'onde à temps ! A force de chercher à comprendre la création et ses créatures, ils ont sondé des zones de non-retour et ont explosé leur vivacité d'esprit et leur degré de lucidité. Hélas, le monde ne peut être sauvé, ils se dévouent alors humblement à leur noble mission, celle d'éclairer le monde pour le sauver. Ils ne peuvent plus vivre comme le restant, ils savent des choses que ceux-là ignorent, ils en savent trop et tout cela tourbillonne dans leur petite boîte à pensées, et surtout ils voudraient aboutir à un sommet et le partager, ils ne peuvent plus vivre comme les autres, ils sont condamnés.

Chacun y mettait son grain de sel avec conviction et la douce folie commune qui nous transportait me réconfortait. Je me rendais compte qu'il y avait de l'esprit dans ce partage qui s'est élargi au fil de la soirée. Certaines convives nous avaient rejoints et partageaient de fait leur bout de gras avec nous.

- En effet ! C'est bien le cas de le dire. Arrivé à un certain sommet, le retour est plus difficile que d'y rester. Du moins dans certains cas, la chute serait vertigineuse. Nous sommes tous condamnés en quelque sorte ! Ce monde le schématise si bien… C'est un rythme effréné où l'évolution rapide des mœurs met le monde dans un engrenage difficile à encaisser pour la nature de l'espèce que nous sommes. Cela mène à des suicides collectifs en passants par la « dépression » ! Quel monde ! La concurrence, le système déloyal machiavélique économique, la surproduction, l'empoisonnement alimentaire (vous rendez-vous compte qu'il y a des enfants qui croient que le poisson est un carré ou un rectangle ? Parce qu'ils ne connaissent que les nuggets… ceci n'est qu'un bref aperçu) au détriment de sa qualité et la mode vestimentaire, alimentaire, écologique... Les gens ne vivent plus leur vie et dépendent complètement de la société de consommation. C'est elle qui décide comment se nourrir, quand puis comment se vêtir et comment penser tout bonnement (les cervelles sont fichues ! Elles sont ralliées à la cause des sociétés productives à souhait et les comparent alors pour trouver dans le tas, la meilleure à suivre). Elle y veille et y travaille ardemment ; il en va de sa survie. Elle met tout en œuvre pour que les gens s'avachissent, se découragent, se laissent tomber et s'abandonnent aux facilités empoisonnées qu'elle leur offre en échange de leurs abandons. Le pire c'est que ça marche ! Le monde s'engouffre inexorablement dans une dimension quatre D où il ingurgite toutes les cochonneries fabriquées à la chaîne avec toute sorte d'additifs et de poisons cancérigènes ! Les humains étant ce qu'ils mangent, ils passent ensuite à la case maladie où ils développent toutes sortes d'horreurs symptomatiques et de maladies qui étaient inévitables vu le mode de vie… Puis il faut aller voir ces médecins et finir sa vie sur le chemin infini des traitement curatifs d'une maladie créée de toute pièce ! On meure comme on a vécu et la suite vous la connaissez. Quelqu'un d'autre prend le relais. C'est dégueulasse ! Au passage les usines, les magasins de distribution à grande échelle, les hôpitaux et les firmes pharmaceutiques s'en mettent plein les fouilles pendant que l'humanité se meurent à petit feu. Tout est question de monnaies et certains l'ont bien compris, ces firmes, ces usines, ces entreprises ne reculent devant rien pour brasser de l'argent. La société est un pion central du jeu et il faut qu'on lui fasse jouer son rôle. Dès lors des moyens colossaux et affinés sont déployés à la manœuvre pour vous y intégrer, on vous harcèle en tapages médiatiques à longueur de journée à travers des spots publicitaires savamment orchestrés. On vous montre ce qu'on veut que vous voyiez. Sinon vous avez aussi celles qui vous trouvent chez-soi ! Telles des encombrants. Le porte à porte. Ces catalogues et journaux élaborés par les soins de ces vertueux commerciaux qui affichent soi-disant les bonnes affaires à ne rater sous aucun prétexte et dont ils prennent un malin plaisir à remplir les boîtes aux lettres. Mais là encore vous sentez le harcèlement ! Si vous n'en voulez pas, vous pouvez les remercier de leurs bonnes intentions en inscrivant sur la vôtre "pas de publicité s'il-vous-plaît" ! Oui !!! Il faut les supplier de vous coller la paix ! C'est aussi simple que cela ! Elles se livrent une bataille acharnée dans le concours du qui vend mieux (qui ment mieux surtout) ! C'est infernal et c'est le client qui en pâtit. Pour le travail c'est pareil, vous devez être compétitif et sur productif. Vous vous tuez à la tâche, malmené par la compétitivité et exténué par les efforts continus toujours et jamais assez aux yeux de ces employeurs exploitants ! Vous suffoquez ! Vous êtes à bout. La spirale infernale des affaires juteuses brassées dans lesquelles vous n'êtes qu'un pion dont on peut se lasser du jour au lendemain, le paroxysme ! Vous êtes surmené et vous devez tenir la cadence sinon c'est votre sort qui s'en charge ! Écraser les autres pour mieux régner voilà la devise. Sinon vous n'existeriez plus. Dans les rues, vous n'y échappez pas non plus au cas où vous n'aurez pas de télévision ou le temps de la visionner. Les affiches géantes, les pancartes attractives, les enseignes lumineuses animées et les tracts publicitaires prennent le relais et si vous êtes aveugle, ne vous inquiétez pas car tout est bien pensé. Il y en a pour tout le monde ; ils font le tour du sujet et tout est bien ficelé. Si vous entrez dans un magasin, en l'occurrence celui qui rassemble pas mal d'entreprises ; et en plus du décor visuel agressif mais attrayant (oui ils usent de stratégies et même de données scientifiques pour appâter ! Le consommateur est une sorte de machine qui répondrait au doigt et à l'œil lorsque toutes les cases à cocher le sont ; le visuel, l'olfactif, l'ouïe, l'odorat, voire le goût avec des dégustation proposées) ; il y a les annonces audios et la sonorisation attrayante des voix et offres alléchantes qui vous accueillent, de la bonne musique balancée, des parfums diffusés pour garder plus longtemps le visiteur et surtout pour le faire acheter, et acheter plus. Dans les véhicules, les radios s'y mettent également, dans les transports publics c'est le même scénario et si vous évitez tout ceci il y a les représentations commerciales locales organisées dans les quartiers de chaque commune pour des démonstrations de ventes peaufinées avec des agents bien avertis qui n'hésitent pas à mentir pour vendre plus, avec des hauts parleurs dernières technologies pour bien vous ancrer cela dans la tête. Et ils le font si bien que vous en venez à culpabiliser de ne pas répondre à leurs normes, de ne pas entrer dans leurs moules. Il faut absolument être à la mode sinon ce serait ringard, quel comble ! Plus rien n'est aussi authentique qu'avant ou alors il vous coûterait un bras. Les voitures d'avant étaient éternelles, aujourd'hui elles sont en plastique et changeables à tout va. Il faut fragiliser les choses pour vendre plus sinon le commerce ne tourne pas. Tantôt ce sont des produits d'une utilité douteuse qu'ils parviennent quand même à refourguer, tantôt ce sont des médicaments qui laissent plus de ravages sur leur passage que ce qui était déjà et qu'ils devraient soigner ; le remède est pire que le mal. Sans parler des produits de première nécessité dont les concurrents par millier, se livrent une bataille acharnée pour gagner la première place, le plus grand nombre de clients en oubliant au passage la qualité. Vous êtes des pions et êtes à leur merci. Dans ce labyrinthe d'une foultitude de combats frénétiques concurrentiels, vous perdez pied, vous ne savez plus où donner de la tête mais il faut absolument choisir. Les vitrines changent de couleurs tous les mois si ce n'est toutes les semaines ou tous les jours selon l'appétit, donc vous devez changer de tendance à leur guise pour être au top tout en accumulant des chiffons qui coûtent la peau des fesses et périment avant l'âge puisqu'on vous donne en sourdine leur date limite en annonçant les nouvelles couleurs dites tendances ; vous êtes harcelé inconsciemment de toutes parts et vous accourez, vous vous accrochez tel des zombies à suivre ce rythme effréné et c'est le cercle vicieux. La consommation à la chaine ! Consommer coûte que coûte ; même à crédit ! Vous parvenez à tenir tant bien que mal à ce train de vie à l'allure fracassante en avalant des pilules, en vous oubliant, en passant à côté de votre vie, et quand il semble qu'il n'y a plus d'options ; plus d'issue, vous passez aux grands moyens, ne dit-on pas aux grands maux les grands remèdes ? Alors vous vous suicidez, parfois même avec ces mêmes pilules, qui, jusque-là vous ont aidé à tenir. C'est une suite logique malheureusement pour ces suicidaires, qui, assaillis et exténués, ne peuvent plus réfléchir tant ils sont accablés par leurs démons, leurs hantises, la cruauté de ces persécutions morales que seul l'assujetti est en mesure de comprendre. En fin de compte pour échapper à tout ça et vivre heureux, il faut être sourd, muet et aveugle, voilà où on en est aujourd'hui. Quel monde n'est-ce pas ? Pour garder la mesure il faut un maximum s'abstenir et être bien informé sur le sujet. Sachant que tout est éphémère, que rien n'en vaut vraiment le coup et qu'il ne faut surtout pas se sacrifier juste pour suivre le mouvement. Se faire plaisir lorsqu'on le veut et qu'on peut se le permettre et vivre détaché, voilà la dose à servir.

- Cette société de consommation qui fait tourner les têtes et qui mène l'espèce vers sa propre fin, sa destruction. Le monde coure simplement à sa perte quand on voit tout le mal qu'impose le soi-disant développement d'un pays. Aujourd'hui, il faut s'habiller en telle ou telle autre marque pour être perçu comme beau, crédible et à l'air du temps. Le monde s'encombre de toute sorte de choses inutiles pour vivre au détriment de ce qui est utile et qualitatif. Il faut se ruiner pour être à la hauteur des autres dans l'apparence, quitte à vivre dans le mensonge le plus sordide, se mentant à soi-même. On va jusqu'à s'endetter pour pouvoir suivre la cadence puis après, suit la dégringolade avec les banques et leur système de ruine. Les petits commerçants sont effacés au profit de grandes voire gigantesques bâtisses qu'on aime tant appeler industriels qui jouent un rôle intermédiaire par leur pouvoir pécuniaire plus grand et multiplient les prix de ces mêmes produits jadis achetés trois francs six sous auprès de l'épicier du coin ou même directement au paysan producteur ou encore les petits commerces de proximité, par dix et plus encore. C'est une aberration ! Payer plus pour manger pire tel doit-être le slogan ! Des produits défraîchis et mélangés à des additifs cancérigènes puis emballés dans de la cellophane pour le grand malheur du consommateur ignare qui creuse tout doucement sa tombe avec ses dents. Rien ne vaut l'époque "du jardin à la cocote" ! Tous ces bons légumes frais mijotés... Quel gâchis ! Nous revenons petit à petit sur nos pas, cela prendra du temps sûrement mais une prise de conscience collective se fait sentir et sans doute l'action suivra. Il faut agir pour ne pas s'engouffrer dans ces spirales infernales du dit-développement qui appauvrit le pauvre travailleur qui gagne si peu de son dur labeur et croupit sous le poids d'une interminable misère fabriquée de toute pièce et qui enrichit davantage le riche qui s'implante aisément et achète tout sans se bouger et jamais ne se ruine. Il s'agit en fait du développement des tours interminables pour héberger des bureaux et des succursales qui brassent de l'oseille, des sous en banque, des industries fabricant la mort à bouffer pour se faire encore plus de fric. Le seul maître mot ici c'est l'argent !!! Le voyez-vous ? L'argent et le pouvoir mis bout à bout nous désarment en silence de nos capacités d'autonomie, productives et résilientes. Ils nous enlèvent la proximité d'antan d'avec nos paysans, nos producteurs et nos acteurs majeurs dans nos sociétés, ils les font tout bonnement disparaître pour prendre leurs places. Ils arment et placent l'inconnu qui prend place et se forge une place d'intermédiaire tout puissant qui nous vident nos poches contre des vivres de moindre qualité et s'approprie exclusivement les productions contre des sommes dérisoires. Où est donc passé le bon sens ? La loi ? Le règlement ? Pour une poignée de personnes sans scrupule qui décident et souhaitent se remplir les poches, le peuple tout entier doit y passer ? Il faudrait dans ce cas des mesures plus sévères sinon des personnes plus regardantes dans ce genre de situation. Il faut placer les personnes qu'il faut où et quand il le faut ! Des personnes soucieuses de l'avenir du peuple, du pays, de sa santé et de son économie. Des personnes compétentes et sérieuses qui défendent ceux qui triment chaque jour pour finalement mal vivre de leur production et non pas des gens avides de pouvoir et de liasses d'argent. Nous sommes faits pour vivre en primates avec le minimum, mais nous créons des complications et courons après l'argent ; puis, nous nous rendons compte que la planète sur laquelle nous vivons se dégrade sous l'action de nos bêtises. Le plastique qui étouffe les terres et les eaux, les forêts décimées et brûlées, les vies intoxiquées, les peuples qui s'exterminent les uns les autres dans le seul but de faire plus de billets... La planète se meure et la seule solution pour la sauver serait l'extinction totale de la race humaine. Soyons honnêtes, l'homme est un destructeur, il passe par ce moyen pour survivre. Alors, aucun rassemblement sur le débat des solutions ne peut rééquilibrer ce désastre, ni éradiquer cette avidité et cette course au pognon. Rien n'égale l'hypocrisie et la malhonnêteté de l'homme qui crée son désastre pour ensuite courir dans tous les sens chercher des solutions pour le corriger. Nous courrons après des choses dont nous n'avons pas besoin et détruisons par ce fait ce dont nous avons absolument besoin pour notre survie. Notre planète, notre environnement.

- Les mondes se font la guerre en silence. Des batailles puériles et chaotiques dignes de contes funestes et aptes à décimer l'espèce, à la handicaper et à la péricliter en lui ôtant sa paix, son amour et son innocence. Et quand se présente une occasion tant attendue, la haine se déchaîne et c'est l'affront. Les peuples se déchirent et même se tuent pour un malheureux malentendu, soit une histoire de couleur, de pigment. Ce qui d'ailleurs fait fureur ces dernières décennies.

Quand tu as une certaine couleur, chose que tu n'as pas choisie, eh bien tu es condamné à subir une haine inexpliquée, aberrante. Les temps des colonies pour les peuples noirs en sont pour quelque chose, l'esclavage n'est pas oublié et la transmission des sentiments par les gènes et les mots à travers les générations, alimente les douleurs dans l'égo et attise une haine dans les tripes, ce qui laisse les choses aussi fraîches qu'il y a un centenaire. Ce qui est fait, est fait ; Comment apaiser tous les esprits ? Si on pousse plus loin, le sujet est plus profond et plus cruel, il ne s'agit plus de problème de couleur cette fois mais un problème tribal, ethnique et raciale, voire religieux. Cette fois, parmi ceux de la même couleur... Voilà où en est ce monde. Dans certains pays, quand tu n'es pas d'une certaine ethnie, tu es décapité, torturé ou tué à coups de machette ! C'est atroce ! Ils sont tous bourrés de haine les uns pour les autres mais cohabitent en silence aveuglés par la rage ; ils n'attendent que le dernier signal pour se déchiqueter, s'entretuer pour assouvir leur soif de sang pour une domination revancharde et aussi par vengeance injustifiée.

- Oh c'est pareil partout, le vice change juste de forme en certains endroits ! J'observe bien ces choses dont vous parlez, mais que voulez-vous ? Nous avons l'endoctrinement dans le sang quand la neutralité ne nous étreint pas, on n'y échappe pas. Nous sommes en permanence au centre du sujet car nous sommes formatés depuis des siècles et cet encadrement continu d'être entretenu, nous apprenons à parler une langue à la perfection et à répondre aux critères exigés pour paraître meilleurs ; nous délaissons nos coutumes, oublions nos cultures et délaissons nos langues pour nous approprier d'autres civilisations ; cela n'a rien de mal, étant donné qu'un plus est toujours une richesse ! Seulement ici, ces valeurs se perdent à leur détriment, au profit d'autres et sont rarement cumulées, ce qui fait qu'elles se perdent au fil du temps et finissent un jour par disparaître. Il est omniprésent le formatage, si tu connaissais l'hymne du pays, tu saurais qu'il y a toujours une aliénation car nous devons être "fiers et reconnaissants de notre liberté nouvelle". En plus elle chante la paix et la passivité contrairement aux initiateurs et énonciateurs, qui eux, ont la hargne et la soif de sang mais je ne t'apprends rien cher ami. Nous sommes rouillés de cette emprise jusqu'aux os à telle enseigne que pour la plupart de nos concitoyens, c'est purement naturel que, se retrouver de l'autre côté est d'une issue sûre et incontestable. Pour mieux voir les choses et s'en rendre compte, il faudrait du recul. Les anciennes coutumes et traditions se perdent avec l'abandon par isolement, la mondialisation et le rejet volontaire ou par la force des choses du délaissement par ceux qui sont censés les perpétuer. Certains de nos concitoyens parlent ces langues dites civilisées mieux que leurs dialectes et même si l'on pousse plus loin, mieux que leurs référents et enseignants au grand dam de la culture délaissée. Le mal ne réside pas dans le fait de s'ouvrir à d'autres horizons, d'apprendre à la perfection et de le montrer fièrement. Être guindé par son érudition et son apprentissage par expérience, a donné non seulement sa posture droite à l'Homme mais aussi le buste bombé avec le temps ; c'est une belle démonstration de son intelligence. Quoi de plus normal que de s'acculturer ? C'est un processus inévitable, nécessaire et évident lorsqu'on cohabite. Le véritable problème se trouve dans l'abandon total du soi en pensant devoir attribuer plus de mérite à ces autres cultures qui se sont fait prévaloir en dénigrant délibérément celles qu'elles avaient trouvées.

Avec du recul rien plus n'a de l'importance et tout prend son sens réel, sa juste valeur, tout est vu plus sagement et pris moins à cœur.

Bonne condition physique et mentale ; le "black" longtemps opprimé, a fini par croire en sa propre sous valorisation (même parmi eux il se trouve encore une espèce qui traite les autres d'esclaves se faisant passer pour des "maîtres noirs d'esclaves noirs") Bref. Il ne se dit alors pas suffisamment intelligent et ne serait bon qu'à servir. La preuve c'est qu'au jour d'aujourd'hui encore, vous avez ce retard dans les mœurs qui pensent être libres. Quand un "noir" réussi dans un domaine dit de prestige quelconque, qu'il s'agisse de la technologie avancée, de la science, de la vie en général ; ou accomplie simplement son rêve en devenant médecin, chirurgien, technicien en mécanique, en chimie, en physique, professeur agrégé, et j'en passe, il est mis sous les feux de projecteurs comme pour prouver au monde "sans couleur" de quoi l'homme noir est capable alors même que dans le même cas de figure, il serait tout simplement "normal" pour l'homme blanc d'en faire autant. Ce que j'ai envie de crier haut et fort à ces frères retardés serait plausible ! Cessez d'être complexés, soyez fiers, indépendants et libres. Faites des accords par conciliation et non par faiblesse. Formez-vous et travaillez pour vous avec toutes les mises à jour que cela requiert. N'attendez pas que quelqu'un vous fasse bouger à la baguette. Vous êtes capables ! Intelligents, puissants au même titre que le reste du monde qui a juste pris de l'avance qu'il a arraché, vous faisant justement croire le contraire. Cessez d'entretenir des mythes et des pensées dépassées. Prenez ce qui est à vous sans culpabiliser !

Nous portons la paix et l'amour. Aucun être ne vient tout défini, son monde le façonne et le conditionne. La culpabilité, c'est un moteur amer et destructeur qui alimente tout notre corps lorsqu'elle nous tient et empoisonne nos pensées. Nous sommes alors dépendants de ce qu'elle nous dicte. Elle désagrège son abri tel un feu consumant la paille. C'est un harcèlement permanent, un juge constant, un regard moqueur incessant, un doigt accusateur éternel. Un désastre face auquel on assiste impuissant sur sa propre personne. Nous sommes à sa merci. C'est le silence humiliant et le regard éteint qui achèvent. Une atroce agonie, une mort lente et pesante. C'est un lourd tribut à laisser aux prochaines générations ; faisons en sorte que tout cela disparaisse et léguons-leur des bases saines sur lesquelles elles puissent tout rebâtir en repartant du bon pied.

Apprenons à nos êtres chers l'amour et le regard bienveillant sur toute chose, ainsi ils n'auront pas à porter le poids de nos échecs que nous leur transmettons par projection de nos fantasmes, par transfert de nos désirs échoués et même souvent par lâcheté.

- Un soir à table au cours du dîner, je remarquai que mon fils ne mangeait pas, j'ai su tout de suite que quelque chose le tracassait. Je lui lançai une perche qu'il prit au saut sans

hésiter. Il m'expliqua alors que les élèves de sa classe l'avaient désigné comme délégué de classe. Il était effrayé à l'idée d'être un délégué de classe. Je lui expliquai simplement qu'il s'agissait de confiance. Il fallait qu'il comprenne qu'il n'y avait rien d'effrayant à être une personne en qui d'autres personnes décident de placer leur confiance afin d'être représentées en cas de prise de décisions importantes. Si elles te trouvent une qualité qui les conforte dans leur conviction au point de te déléguer un pouvoir quelconque, c'est que tu en es digne fiston lui expliquai-je clairement. Alors à lui d'y croire maintenant. Y croire est la clé de l'être.
La confiance et la bienveillance doivent émaner de nous avant d'atteindre les autres et il faut les communiquer. Tenir la main de son petit pour lui inculquer ces valeurs est un bon début.

Eternels insatisfaits

- **Lorsque l'on est instruit ou qu'on a appris sur le tas ou à l'école de la vie par expérience et qu'on a bien étudié les choses ; on n'est pas surpris de les voir se réaliser. Au contraire on s'y attend et on comprend ce qu'il se passe. Ce que je vous demande c'est d'observer un individu de ceux qu'on appelle ignorants, non instruis et resté en marge de tout apprentissage de conditionnement axé sur le profit, de modelage ou de formatage, vivant par exemple en milieu neutre ; sans télévision, sans téléphone ni internet, loin de toutes ces technologies mondaines. Il vit une vie tout ce qu'il y a de plus naturelle et toute simple sans artifices. La seule chose qu'il possède à part ses champs et ses bêtes, pour se divertir, c'est à la rigueur un post-radio qui capte mal la seule chaîne qu'il pourrait s'autoriser et encore quand il en a une. Lorsqu'il débarque en ville, il est si dépaysé qu'il en est malade ! Surtout observe quand il doit regarder un film d'action ou vivre pleinement un évènement tel qu'un simple tonnerre sévère... Là vous comprendrez intimement l'impact de l'ignorance dans la vie d'un être doté d'autant d'intelligence. Il panique devant cette nature qui gronde ! Hurle à la mort. Pour les fictions, en s'agitant dans tous les sens et en commentant chaque scène ; il t'offre un spectacle digne d'un acteur talentueux tant il participera avec ferveur à toutes les scènes de démonstrations physiques auxquelles il assiste, subjugué et déchaîné. Il regarde comme s'il était en relation directe ou sur le plateau de tournage. Ce que je dis, c'est que leur naïveté fait parfois plaisir à voir tant cela les rend authentique et heureux mais quand ça tourne en débilité manifeste, c'est une autre histoire. Parfois, ne pas savoir est une source de bonheur. Seulement on ne peut vivre indéfiniment ignorant.**

Nous trinquâmes alors au bonheur des mondes et continuâmes vers d'autres sujets !

J'étais heureux d'avoir rencontré ces deux merveilleuses créatures que sont Wallet et Arfou. Une beauté de l'âme authentique, une aura lumineuse, un esprit for ouvert... rien ne les braque. Tous les sujets sont permis dans la plus grande intelligence et en simplicité. Nous pouvions parler de tout, mais absolument de tout sans aucun tabou ! Nous n'avions pas peur des mots ! Les sujets tabous de politique, de religions et de sexualité qui, en général minaient le monde ; nous ravissaient et égayaient particulièrement nos riches échanges. Quelle chance et quelle belle générosité humaine que de pouvoir s'aligner avec des personnes qui à la base, semblent si loin et différentes culturellement.

- Avez-vous des amis ? Et sinon quelques ennemis déclarés mon cher ? Croyez-moi, ils ne sont jamais qui on croit qu'ils sont !

- Ça dépend, il y a des amis et ennemis que l'on hérite et ceux dont on est responsable. J'en connais un qui demanderait sans gêne afin d'en avoir le cœur net : « De quel clan faites-vous parti ? J'ai horreur des lâches qui s'en prennent aux innocents, je préfère que vous fassiez parti du deuxième clan, ainsi on pourra régler nos différends ». Dans ce cas, ce n'est pas tant ce que vous dites qui me retient, c'est ce que vous ne me dites pas qui est si criard ! Parfois l'ennemi se résume à nous-même...

Nous en rîmes de bon cœur mais en réalité on avait envie d'en pleurer ! Les faux semblants qui nous mettent face à des faux culs qui nous sourient de face pour ensuite nous poignarder dans le dos ! L'hypocrisie qui y règne parfois fait froid dans le dos.

- J'ai un souvenir d'une époque assez lointaine, celui d'un ancien ami. Un brave type qui vivait une vie tranquille et bien rangée. Pourtant il avait une chance insolente et un succès fou dans les affaires qui lui ont valu des envieux et adversaires coriaces. Sa situation n'a jamais été aussi prospère. Ses détracteurs, pour le faire couler et le voir décliner, lui ont tendu toute sorte de pièges inextricables tout en se faisant passer pour des amis et l'on regardé s'empêtrer en lui riant au nez, puis se démener comme un diable pour se sortir du filet. Ils l'avaient fait torturer physiquement et malmené moralement afin qu'il paniquât et révélât les faits dont il était injustement accusé. Ils avaient tout monté. Cet homme a fini par se tirer d'affaire et figures-toi cher ami qu'après quelques années, leurs chemins ont fini par se recroiser. Cet homme bon et toujours prêt à tendre la main à son prochain, a fait son bout de chemin en faisant preuve de dignité, de loyauté et de confiance et était promu au poste de haute voltige pour bons et loyaux services, c'était à son tour de la jouer fine. Chacun a son tour et la roue fini par tourner. Je n'aime pas le silence hypocrite où le jugement est si criard qu'il en devient honteux ! Il leur faisait confiance et leur a fait des confidences, ils ont tout simplement utilisé cela contre lui. Tu perçois que les concernés sont dans les faits remplis de ressentiments qui n'échapperaient guère au sixième sens. Cette fois, il leur fallait décrocher un marché important et bien sûr il fallait passer par ce fameux gars ! Celui qu'ils ont essayé de noyer par le passé ! Ces malheureux tortionnaires ignoraient totalement que l'avenir leur rendrait la monnaie de leur pièce. Ils ont oublié que le mal avait bonne mémoire aussi. Lorsqu'ils l'ont sollicité, il commença par les ignorer. L'ignorance étant la plus belle arme que tu puisses utiliser contre ton adversaire ou l'ennemi qui épuisera vainement son venin, ses armes et ses flèches contre toi, l'idée était la bienvenue. Mais l'ennemi revêt plusieurs camouflages, différents costumes ; il passe d'un travestissement quand il ne fonctionne pas, à un autre dans le même but de tromper sa cible, sa proie, celle qu'il hait et dont il souhaite vivement la fin. Puis ils ont poussé le jeu plus loin, ne pouvant pas se résoudre à lâcher leur affaire en or. Il a si bien joué son rôle qu'ils ont baissé la garde. Ils lui ont alors offert ce qu'il attendait d'eux en essayant de le corrompre. Sa malheureuse mémoire étant toujours bien fraîche, il fit semblant de marcher avec eux. Il saisit l'occasion et les y dénonça avec toutes les preuves à l'appui ; la belle revanche. Il y a quelques années quand ils étaient en position de force et qu'ils le méprisaient, l'enviaient et le jalousaient, ils étaient loin de s'imaginer que plus tard ce serait à eux d'occuper le banc des accusés et d'en déguster. Le retour à l'envoyeur avait pris tout son sens. Voilà comment ils se sont fait prendre à leur propre jeu. Ce n'est que justice après tout. J'en aurais fait autant à sa place. Nous trinquons souvent avec nos ennemis sans même savoir qui ils sont.

- Il arrive en effet, que notre ennemi soit notre propre personne ; par mauvaise interprétation des faits ou par mauvaise foi. A ce sujet, j'ai eu un très bon ami par le passé, Jean-Claude. Lui par contre, jouait sur un tout autre tableau. Il était marié et a eu deux enfants. Cet homme était tout ce qu'il y avait d'aimant et de gentil. Un homme charmant, raffiné. Au premier abord, il semblait tout innocent pourtant c'était un piège ! C'était un grand tombeur qui s'ignorait. Oui comme vous et moi mon cher, laissez-m'en rire ! Lui cependant, quand il a fini par se découvrir, il a battu le record. Méfie-toi des eaux dormantes mon ami ! Il s'est mis la corde au cou très jeune et en plus de deux décennies de mariage, il a vécu pendant au moins vingt années en se voilant la face. Vingt ans ou peut-être même plus, dans la cachoterie et les mensonges ! Tu vas me dire que tous les hommes dignes de ce nom ont une maîtresse… Les débuts étaient sans doute calmes parce qu'il n'avait pas encore bougé... Il a travaillé dans le réseautage de son lieu d'origine jusqu'à ce qu'il soit déployé à l'étranger pour son expertise. Il est d'abord parti parcourir l'Europe ; puis a fini sur son terrain favori en Afrique ; au Sénégal précisément ; où il s'est abonné librement aux joies de l'existence en compagnie de belles créatures « exotiques » ; il aime à les appeler ainsi. Il avait hâte de s'initier à ces belles pratiques que lui rapportaient ses prédécesseurs quand ils revenaient de leurs missions. Etant seul, sans femme ni enfants et loin de tout œil indiscret ; il avait enfin le champ libre pour donner vie à ses fantasmes les plus refoulés. Ah chère liberté ! Que de folies faites en ton nom ! Il a papillonné, vibré, cassé et tout fait. Il a fini par se faire aguiche par une de ces diablesses et s'est casé pendant deux ans avec elle. Le temps qu'a duré son idylle en même temps que son intervention pour le travail. Ils vivaient tous deux dans le libertinage puisque chacun trompait l'autre en même temps qu'ils partageaient leurs vies ensemble ; mais qu'importe n'est-ce pas ? C'est le but du jeu si on y est ! Puis à la fin, les choses se sont finies comme elles avaient commencé, c'est à dire que chacun est parti de son côté et l'histoire s'en est finie ainsi. Jean-Claude a remis son alliance au doigt de retour au pays et a continué sa vie auprès de sa famille comme si de rien n'était. Il a ensuite passé un séjour sur quelques Îles où il semblait faire bon vivre sauf que ce n'était qu'en apparence ! Il a voulu faire le séducteur et s'est retrouvé en prison cette fois-ci ! Eh oui mon cher, pour une histoire de fesses ! Ce sont ses collègues qui lui ont sauvé la mise en le tirant d'affaire plus ou moins discrètement. De toutes les façons, ils trempaient tous dans la même sauce, ils ne pouvaient que se couvrir les uns les autres. D'autant plus que le pays dans lequel il se trouvait était à prendre avec des pincettes ! À tout moment et pour un oui ou un non, ils risquaient tous de se faire poursuivre, virer ou même bouter. Il fallait se tenir à carreau, ce qu'il fit jusqu'en fin de son séjour. Sa prochaine expatriation sera alors plus longue ! Eh oui il y a pris goût et difficile d'y renoncer dans ces cas-là ! Il s'est retrouvé en Centrafrique où il a séjourné pendant près d'une décennie avec des sous missions temporaires vers d'autres destinations. C'est donc neuf ans au cours desquels il rentrait voir sa famille quelques semaines tous les trimestres. Il y était auprès d'une femme dont il a fini par s'être fiancé. Oui, bien sûr tout en étant lié à celle dont il était marié. Elle ignorait cela. Après ces neuf années de vie commune avec une femme qu'il a reconnu n'avoir partagé la vie que par reconnaissance (c'est une autre longue histoire ; elle lui aurait sauvé la mise quand il s'est trouvé empêtré dans de sérieux problèmes. Un sacré gaffeur le bougre ! Elle a fait marcher ses contacts influents pour lui éviter le pire et pour la remercier, il se sont fiancés). Il est de nouveau rapatrié puis expatrié cette fois dans un autre pays. Un endroit qu'il découvrait pour la première fois. C'était la fin du cycle je crois. La fiancée l'a suivi mais a dû retourner dans son pays pour je ne sais quelles raisons. La vérité, c'est qu'il l'avait renvoyée pour sauver son nouveau cœur à prendre dont il s'est entiché. Il y est retourné en fin de compte pour mettre un point final à leur belle romance parce qu'il avait déjà rencontré son âme-sœur là où il résidait dorénavant. Seulement, à elle, sa fiancée ; il ne lui a pas dépeint ce tableau ; lui disant qu'il ne pouvait plus être avec elle d'après son explication. Il était épris de sa nouvelle rencontre. De son côté, la nouvelle femme ne savait rien de lui que ce qu'il daignait lui raconter. C'est-à-dire rien de consistant qui risquait de lui la faire perdre si elle découvrait la vérité. Dans le brouillard de ces non-révélations, ils ont fait leur bout de chemin et après quelque temps de folles amours, se sont mariés. Elle l'aimait d'un amour pur et vrai, il savait tout d'elle contrairement à elle ; au sujet de son bien-aimé. La bombe à retardement qu'allait être cette histoire après leur union, te ferait sursauter ! Sa dulcinée attendait le fruit de leur amour, une réjouissante nouvelle. Jusqu'ici, il s'est contenté de tricher avec toutes les femmes ! Sauf que celle-ci allait avoir un enfant tout en ne sachant rien. Après quelques mois de gestation, la mission prenait fin dans ce pays. Il lui dit alors qu'il partait en mission dans un pays à risque et qu'elle ne pouvait l'accompagner. Elle s'est résignée et est restée seule jusqu'à son grand retour. Ils se sont retrouvés et ont vécu ensemble la dernière ligne droite. Au bout du neuvième mois, elle lui a demandé de lui parler de son ancienne vie ; de tout ce dont il n'avait encore jamais évoqué l'existence. Au début elle n'a pas voulu le bousculer pensant qu'il avait en lui la douleur d'un deuil. C'est alors qu'elle décidait enfin de rompre ce silence que les choses ont pris une tournure inattendue... Quand on démasque celui qui possède l'art de la manipulation, il perd ses moyens et trouve des solutions de repli exagérées. Le remède devient alors pire que le mal.

Vous savez par ici, elles sont plutôt réservées pour la plupart, elles ont la tête sur les épaules comme on dit. Jean-Claude s'est présenté à elle comme étant un homme libre, elle lui demanda alors à quoi servait l'alliance qu'il portait au doigt quand ils se sont rencontrés et là il lui avoua qu'il l'avait gardé pour éviter d'être embêté. Peu convaincue, elle resta sur ses garde, chose qui ne durera pas ! Notre ami ne manquait ni d'imagination ni d'inspiration pour faire tourner les choses en sa faveur. Il a fini par trouver une parade pour la garder malgré l'annonce explosive. Il a finalement avoué son mensonge, a fait son mea-culpa et la vie a continué. Des années après, la bombe à retardement explosa. Il fallait réajuster les choses qu'il remettait toujours à plus tard pour trouver un brin d'équilibre en son âme et conscience. Il a traîné ce secret pendant tant d'années en culpabilisant. Les mensonges finissent toujours par nous rattraper. C'était un sacré fardeau et il m'a confié n'avoir retrouvé la sérénité et la légèreté qu'après s'en être enfin déchargé.

- Tu m'étonnes ! Après tous ces tourments d'amour et ces aveux mémorables, nous avons la covid dix-neuf cher ami ! La révolution de tous les siècles ! Sans remuer les guerres, la peste, l'Ébola, le sida, la lèpre et je ne sais quel autre diable du temps passé qui a fait fureur ! Celle-là mon ami, a aussi mis le monde à genou sans y paraître, des esprits apeurés, des corps ensevelis en masse, les compteurs de morts, les têtes des restants dans le brouillard de la psychose et surtout sur le qui-vive. Chacun ayant peur de son prochain, ils vivent dans la distanciation et la méfiance tout en s'épiant mutuellement. Cette dernière existant déjà au préalable, elle s'est accentuée au grand dam de l'espèce. Vous êtes tous au même point, celui du départ sans jamais avoir eu le choix d'y participer ou d'y opposer un refus. Les uns les autres, vous vous enfermez volontiers quand on vous l'ordonne et ressortez quand on vous le demande ! Tel un orchestre contraint de solistes doués et assidus jouant fièrement devant le maestro ; le chef metteur en scène, vous répondez au même rythme et à la même commande au même moment ! Le monde ne s'est jamais aussi bien accordé ! Quelle performance ! Il y a de quoi se mettre sous la dent ! D'ailleurs c'est le seul sujet de toutes les discussions et de chaque nouvelle information. Les médias s'en donnent à cœur joie en attendant un sujet plus passionnant encore pour détrôner celui-ci, ils façonnent et manipulent les données à leurs guises, les envoient aux nouveaux prisonniers des cages dorées qui se font une immense joie de se faire laver les cervelles avec du croustillant qui tourne en boucle à longueur de journée. Eh oui mon cher, à ce rythme-là, il ne s'agit plus d'informer mais d'atteindre la psychorigidité et la psycho-soumission de la pensée collective, le but étant de faire croire que le problème est bien plus grave qu'il ne l'est en fait. Les cervelles bien ramollies et les suiveurs modelés, apeurés et ralliés à la cause, il y a de quoi tenir toute une année et quand on a fait le tour, on crée de nouvelles données pour tenir la cadence. Le variant mon cher ! Il change de pays et d'origine à chaque nouvelle ! Je crois bien que quand on a bien affaibli et désarmé mentalement l'homme, il rejoint le camp des peureux. La peur étant elle-même plus grande que mal, il succombe facilement face aux symptômes communiqués, il les somatise presque dans le pire des cas. Tu les verras suffoquer et s'étouffer pour un simple rhume. La mort ne suffit plus à tenir en haleine ces prisonniers qui se sont lassés de dormir dans leurs maisons confortables et ont commencé à s'agiter pour en sortir ; alors il faut créer ! Et là mon cher, ces grands manitous ne manquent ni d'idée ni d'originalité. Il y a de quoi faire avec tout ce qu'il se trame en fond ! Des systèmes d'éloignement, de division et de soumission orchestrée sont en route et les populations s'y engouffrent en masse, sans issue. Elles meurent seules, loin de tous. Pour les plus âgés c'est encore plus pénible ! Avec pour interdiction de recevoir de l'affection et de la visite de leurs proches dans ces douloureux moments. Tu t'imagines finir tes derniers jours, seul, mourant, dans un lit sachant que la seule distance entre tes êtres chers et toi est un virus ou des lois circonstancielles qui se sont établies autour en s'y greffant ? Cette situation tendue même entretenue avec la plus croustillante des nouvelles chaque jour, finit par faire péter un câble au plus patient de tous au bout d'un moment ! Nous sommes à l'agonie. Cette guerre silencieuse qui s'est installée, s'y est plu et s'est incrustée depuis des mois. Mais que dis-je ? Nous parlons d'années à l'heure actuelle ! Le chômage a grimpé, l'agressivité a pointé vers le haut ! Des gens s'entretuent, des ménages sont rompus, le niveau de vie est davantage misérable, l'économie a chuté, les travailleurs indépendants pour beaucoup ont déposé les bilans et ce qui tiennent encore s'en sortent très mal. D'autres eux, ont catégoriquement changé de profession (tu vas me dire il faut bien vivre) mais oui il faut se réinventer, suivre la cadence surtout et naviguer dans ces eaux troubles pour s'en sortir quand le virus lui-même t'a épargné. La seule chose qui vaille, c'est de s'empiffrer en attendant sereinement ? Non ! C'est dans la peur et la psychose, on s'arme de courage en sortant de nos maisons tous bâillonnés et impersonnels, tout le monde accoure dans les grandes surfaces pour charger ses chariots de course et se donner bonne conscience. Ce devoir accompli, au moins on ne mourra pas de faim ! En somme, c'est une guerre sans arme et qui désarme, elle sépare les amis, abstient les amants, déchire les foyers, anéanti les travailleurs, casse l'économie et tue les plus faibles. Quel massacre ! Les exploits que ces américains cinéphiles s'évertuaient à nous faire visionner dans leurs fictions et que nous regardions avec ébahissement à la télévision, il y a quelques années, avec une pointe d'ironie tout en nous moquant de leurs exagérations, ont fini par nous rattraper dans la réalité. Ils n'exagéraient pas en fin de compte, ils nous avertissaient ! La mise en garde que nous n'avons pas pris au sérieux et dont nous nous moquions sournoisement ; nous voilà en pleine débandade. Tous ces virus échappés de laboratoires, perdus quelque part dans la nature, dont il fallait s'arranger et qui décimaient la planète en la purifiant de ses êtres qu'elle emporte sur son passage. C'est une sorte de purgatoire, nous sommes de plus en plus nombreux alors il faut épurer. Si ce n'est pas un complot c'est une situation qui tombe très juste au moment où l'on en a besoin (c'est malheureux mais c'est ainsi). Certains Etats utilisent ce créneau pour régler leurs comptes en s'érigeant en maîtres des mondes ! D'autres s'arrangent pour instaurer leurs nouvelles lois et règles ; les frontières déjà bouchées sont dorénavant fermées jusqu'à nouvel ordre ! A renouveler autant de fois que nécessaire ! Ce virus est la nouvelle télécommande du monde. C'est merveilleux et chacun s'en sert à la demande ! Les programmes non accueillis ou mal accueillis sont instaurés, présentés sous-couvert de cette pandémie et cela passe bien. Certains changent de tactique tout en jouant sur la pesante situation et ça passe mieux aussi. Cela charge un peu les programmes et chacun doit gérer comme il peut mais d'une certaine manière ça les arrange. Puis vous avez le passe-sanitaire et la vaccination obligatoire ! La dictature qui ne dit pas son nom. Des clans se forment et s'opposent violemment. Les pro-vaccins contre les antivaccins et au-dessus de tout ce beau monde, le grand maître qui dirige tout cela. Au bout d'un moment, vous êtes si contraints par les restrictions devenues de plus en plus pénibles à dévier, qu'y céder reste le seul moyen de trouver la paix, difficile de ne pas se faire vacciner quand on ne peut plus mettre un pied dehors sans présenter un document d'autorisation sous peine d'amende. Heureusement que par ici, les choses sont moins rudes ! Nous avons la chance de nous retrouver pour fêter et pour célébrer l'amitié. Trinquons pour cela les amis ! En attendant, tout cela a cédé la place à une véritable guerre qui a éclaté chez nos amis russes et ukrainiens… Cette malheureuse situation qui expose les mondes à de nouvelles prises de mesures. Cessez donc le feu et déposez les armes. Aucune guerre ne résoudra ce que le temps et l'amour n'ont pas résolu. La seule chose qui risque d'arriver, c'est de laisser de la haine en héritage aux futures générations entre elles. Cette guerre aujourd'hui c'est le sujet qui fait rage et excite tous les journalistes du moment. La covid n'est déjà plus qu'une époque révolue et une simple grippe à soigner en quelques jours. Ah là là ! les choses sont graves quand on croit qu'elles le sont.

- Nous pourrions nous quitter à l'instant en promettant de nous retrouver dans un demi-siècle cher ami, bien sûr si la vie daigne nous l'accorder. Nous serions alors vieux, tous fripés et grisonnants sinon blanchis ; notre amitié serait intacte et notre fougue quelque peu émoussée (on ne peut rien contre le temps, et puis on cède le théâtre aux plus dégourdis). Nous aurions certainement plus de recul mais les réalités, elles, seraient peut-être pires que celles d'aujourd'hui. Nous débattrons sur ces sujets graves et éprouvants mais nous n'aurions pas pour autant les solutions pour les résoudre. Nous serions heureux de trinquer à nouveau et de rire de nos vieilles folies d'une époque révolue. Les nouveautés seraient moins croustillantes pour nous et bien trop engageantes pour les plus jeunes et vifs. Nous les regarderions faire comme les autres nous le regardaient faire dans le temps ; et alors seulement comprendrions-nous qu'il n'y a jamais vraiment eu d'issue à ce jeu et qu'il n'y en aura pas en fait. A chaque époque son renouveau, un nouveau challenge, un autre problème à résoudre qui l'épuiserait sans en atteindre la fin puis la relève recommence avec un autre défit, ainsi de suite… Quand on est jeune, on croit que la vie est éternelle ; elle dégage une saveur forte, éthérée, frivole et insolente de légèreté que rien ne semble pouvoir étioler. Puis on se surprend à grandir et à vieillir, là on se rend compte de l'erreur à laquelle on se prête souvent d'avoir cru en ce mirage, celui de l'élixir vaporeux puissant et naturel de la force de la jouvence qui, un jour, finit. On prend alors le conseil des années et des expériences, on bat progressivement en retraite. Toutes ces âmes qui cuisent dans le brasier de cet enfer terrestre sont condamnées à le subir. Il y aura toujours deux clans, celui des administrateurs puis celui des administrés et le jeu suivra son cours.

Toutes ces guerres cinglantes, ces pays à feu et à sang, ces femmes et enfants violés, salis et déshonorés. Ces temples d'adoration sensés héberger des Hommes de foi pour guider les suiveurs et qui les abrutissent en les engouffrant dans des ténèbres. Des actes ignobles et des crimes odieux sont perpétrés au nom du bon Dieu. Où est passé le bon Dieu ? Depuis le temps qu'on le cherche ? L'Homme règne en maître absolu et fait sa loi, celle de la désolation, de la destruction et du chaos en toute impunité. Naissent alors des sociétés perverses, machiavéliques et diaboliques où dominent des incestes en masse, des viols en chœur, des tueries en tas, des massacres par lot, l'esclavage sexuel, la traite humaine où l'être humain est traité comme du bétail, des religions de détournement et d'endoctrinement, de la manipulation de masse, des virus mortels, des poisons, des incendies, des inondations, les déforestations, le réchauffement climatique, les séismes, les volcans en éruption, les effondrements, les inondations, les éboulements, les bombes chimiques, biologiques et nucléaires, les guerres aux armes à feu, aux armes blanches pour terroriser, les esprits démoniaques affûtés capables d'imaginer les pires techniques de tortures et de sévices existantes à infliger à l'espèce, les complots d'Etats, l'extrémisme, le racisme, la xénophobie, l'extermination de peuples entiers, ... Plus personne ne se sent en sécurité nulle part. On se déporte alors d'une région à l'autre, d'un pays à l'autre, d'une famille à l'autre et d'un foyer à l'autre pour chercher cette paix devenue si chère et si dure à trouver. Tout a été dit, tout a été fait ; sur des millénaires. Que reste-t-il à faire ? On refait les schémas en boucle depuis une éternité avec à la clé toujours des erreurs répétées et on parle d'une intelligence supérieure...

La seule intelligence (malgré toutes ses créations et inventions) où l'Homme excelle véritablement c'est la domination par le mal et son invention toujours plus pointue de techniques pour y parvenir. Tenter dans le désespoir final d'enjoliver l'irrécupérable du voile obscur qui couvre ces malheurs et du coin sombre qui niche dans les cœurs et les esprits maléfiques et capable du pire, n'est qu'une vaine parade pour mieux sévir en s'auto-convainquant du contraire. Le pire existe ; le bien aussi mais jusqu'à quand ? Voyons donc le monde avec nos yeux, prenons le temps, contemplons ! Observons-le, vivons-le, sentons-le, savourons-le, dégustons-le, aimons-le et laissons-le en paix. Tout est expérience et pas des moindres. Du chant des oiseaux à l'éruption d'un volcan ; de la douce brise marine à ces géants tsunamis ; de la douceur à la douleur ; de la vie à la mort... tout est juste malgré le déséquilibre. Il n'y a que des rendez-vous !

Sur cette pointe d'amertume, nous baissions les rideaux. Nous nous apprêtions à prendre congé auprès de notre accueillant. La fête finie, nous regagnions sobrement la maison. Je fis une accolade à Arfou, une fois à l'extérieur de la maisonnée, pour lui souhaiter un bon retour chez-lui. Wallet et moi cheminâmes ensemble. A notre retour, nous étions épuisés mais heureux. Après une bonne douche

délassante, je nous ai servi deux bons verres d'eau glacée à la menthe. Assis sur le canapé d'angle, à côté de mon amie, nous avons commencé à papoter en ressassant les événements de la journée. Puis de fil en aiguille nous avons remonté le temps.

Ce Monde théâtral

Wallet semblait évasive et quelque peu rêveuse. Elle commença alors à se lâcher sur des choses de son passé qu'elle me confiait progressivement. Je l'écoutais sans l'interrompre et sans l'interroger. Elle avait besoin de vider son sac et de se délester de ce fardeau qui pesait lourdement sur ses épaules.

- J'ai mis du temps à réaliser ce qui n'allait pas, pourtant je me sentais très souvent mal. Je dormais mal et me réveillais avec la boule au ventre. J'angoissais sans savoir la source de mon inquiétude chronique. Je me demandais ce qui n'allait pas sans jamais parvenir à trouver de réponse. Après ce recul qui m'a permis de me recentrer dans le calme et la tranquillité, et durant mon séjour à l'étranger, j'ai commencé à comprendre petit à petit que j'évoluais alors dans un environnement malsain, toxique, étouffant. L'interférence avec toutes ces ondes et énergies négatives et dévastatrices m'enchaînait, m'enlevait tout espoir d'épanouissement ou d'évolution positive. J'étais sous emprise permanente de ce qui me rendait la vie invivable et je ne pouvais pas m'en rendre compte sans avoir pris du recul. Je commençais à identifier les causes même de mon mal-être quotidien que je ne discernais pas auparavant. Je vivais entourée de personnes profiteuses pour certaines, venimeuses pour d'autres et très autoritaires qui contrôlaient mes faits et gestes. Harcelée en permanence et suivie dès que je sortais ; pour toujours garder sous emprise même quand je m'éloigne. Chosifiée, à disposition, sans opposition et sans refus. Une mère maquerelle de la ville se chargea sous recommandation de m'intégrer à son réseau. Une femme qui avait pour réputation le recèle des jeunes filles et même des plus âgées à de riches mécènes qui eux, rétribuaient ses services en billets de banque et lui assuraient une vie aisée en retour. Elle avait juste à leur fournir de la chair fraîche pour l'assouvissement de leurs pulsions primitives ou pour toutes autres pratiques qui leur passeraient par la tête. Je faisais partie de ces marchandises vers ces destinations étrangères où nous étions attendus dans de luxueux hôtels par des personnalités des pays en question ; avec qui composer la parade contre une récompense financière. C'était un jeu, celui du trafic humain et sexuel ; et le rôle que je jouais, était celui d'y figurer pour ramener de l'argent. Ce que j'aurais pu subir ou pas n'intéressait personne. J'étais tombée dans une spirale où je ne comprenais rien au début, puis très vite j'y ai saisi le sens. J'étais une poule aux œufs d'or et pourtant paradoxalement misérable car je ne profitais jamais de la rançon de ce travail. Quand il n'y avait plus de sorties avec celle qui livrait gentiment toutes les filles de la ville à des gens nantis en recherche de sensations fortes, d'exotisme ou autres découvertes contre rémunération ; il fallait harceler les prétendants pour les dépouiller. Ces derniers, lassés de ces demandes incessantes, finissaient par déguerpir. J'ai longtemps été bassinée des soi-disant vertus de la chasteté et de la pureté. Celles dont il ne fallait se parer qu'avec le verbe. S'indigner tout en profitant sans vergogne de la rançon du proxénétisme et de la chaine de prostitution en continuant à chanter les louanges et la valeur d'être "pure". Pure ; pour qui et pour quelle raison même je l'ignorais ! Après tout, qui l'était ? La sainteté et la pureté des Hommes ne se trouvent que dans leurs bouches. Leur misère les oblige à forcer sur le paraître. Le plus ils le prétendent, le moins ils le sont. Aucun de ces hommes qui courtisent n'est pur. La nature même de courtiser est purement sexuelle, l'homme est un gland sur pied. Si tel était que la pureté résolvait tout et qu'elle résultait de la chasteté, de l'abstinence ou de la conservation de l'intégrité du corps, pourquoi fallait-il que je vive cette prison pour offrir cette chère conservation si durement acquise à un dépravé à la fin ? Ne devrait-on pas l'appliquer à l'égard de l'homme également ? N'avais-je pas le droit de vivre ma jeunesse, de choisir avec qui partager ma découverte et de grandir avec mes choix ? J'étais livrée à des gens parvenues et à des jeux dangereux dans de ténébreuses coulisses où tout pouvait arriver ; comme un colis, afin qu'en prenant congé, ils me livrassent les liasses tant attendues. Que diable pense-t-on ? Que les loups sont gratuitement généreux ? A coup sûr lorsqu'ils montrent les crocs, je ne crois pas que ce soit pour sourire. J'étais une victime consentante. Je faisais ce qui m'était demandé sans poser de question et en plus, à cette raison, ne s'opposait aucune autre ! Tant que j'allais dans ce sens ; j'étais bénie des dieux. Ce qu'il faut comprendre, c'est que la sexualité est taboue, même une honte ! Il ne faut surtout pas en parler ! Il faut conserver son corps et son éventuelle pureté. Puis quand on y est, il faut se taire… Chut ! Un sacré problème mental. Tout ceci étant fait dans le but de faire prendre peur pour éviter les batifolages de jeunesse et les plaisirs charnels. Suivie à la trace par ces manipulateurs qui usent de techniques dissuasives pour endormir la libido, inhiber le désir ou emmener à rester chaste. La sexualité est toujours le point central du sujet. A croire que l'être humain est tout bonnement un sexe sur pied. Du moins c'est ce qu'on va finir par croire à force d'acharnement et de focalisation sur ce seul sujet et cette seule partie du corps. Le loquet était purement psychologique, la technique de dissuasion fonctionnait puisque la peur était là et pouvait empêcher de sauter le pas (les techniques des sectes puritaines et des religions). La peur ! Bien sûr ! Depuis la nuit des temps… Si j'avais fait quoique ce soit, il ne me serait absolument rien arrivé pour autant et personne n'aurait rien su (sauf moi et celui dans la confidence). Je ne me hasardais pas à tester ses techniques dites de chasteté car j'avais peur de me transformer en je ne sais quel horrible monstre si je venais à les braver. Tout ceci me fait sourire aujourd'hui. En fin de compte il ne s'agissait que d'égocentrisme personnel à satisfaire. Rester chaste jusqu'au mariage ne sert pas la mariée mais ceux qui veulent en être honorés. D'ailleurs de quel honneur s'agit-il ? Est-ce une question d'éprouver l'endurance mentale et physique sur l'abstinence ? C'est à qui tient plus longtemps que l'autre ? De plus on y met bien la pression ! Une autre forme de torture et de contrôle sans y paraître. Quelle malheureuse perversion dans ce cas ! Les hommes ne savent plus sur quoi concourir… J'ai dû m'unir de force un sombre inconnu. Je me suis sentie salie et trahie. Ce sont malheureusement des choses qui se passent beaucoup par ici. Les parents ont un droit de regard et même de décider avec qui leur progéniture doit se lier. C'est étrange comme démarche surtout quand ça tourne à l'obsession ! Des enfants mineurs sont jetés ainsi dans la fosse aux lions. J'aurais dû fuir, partir loin, disparaître à tout jamais ! Humiliée, rabaissée et injuriée ; j'étais un punchingball. Le défouloir du stress environnant ; la bonne patte qui encaisse tous les coups sans broncher, sans rechigner ; j'étais un passe-temps favori. Gratuitement traitée de traînée était d'une simplicité stupéfiante. Toutes les grossièretés et injures malsaines qui tournaient dans ce foyer, étaient de nature à en repulser et perturber le plus indélicat. Un de ces improvisés psychologues mystiques qui avait pour mission de me sceller, avait trouvé une technique ingénieuse pour bien me refroidir. Il a utilisé une encre noire soluble pour écrire sur une ardoise en bois sculpté, ce qu'il a appelé des écritures sacrées. Il a ensuite lavé ces écritures à l'eau claire et m'a remis cette potion devenue alors noirâtre pour que je fasse la toilette intime, ceci sous surveillance. Te rends tu compte jusqu'où va la perversion ? Avec des mots, des rituels et techniques de dissuasion, on coince le corps et l'esprit. Captiver l'esprit, le focaliser sur ce seul détail en permanence et contrôler ainsi le corps. J'étais une marionnette. Je n'existais plus sauf quand on voulait que j'existe. J'étais tenue comme un pantin. Je ne sais plus aujourd'hui si j'obéissais par peur des représailles ; de me faire boxer si je ne répondais pas au doigt et à l'œil ; par choix, par soumission ou parce qu'il y avait une certaine emprise sur moi. Je ne pouvais pas voir le sens caché de toutes ses pratiques avant d'avoir grandi. Tous ces pièges et ces cadenas invisibles mis sur mon corps m'ont rattrapé progressivement et les souvenirs lointains, enfouis et pour beaucoup oubliés se sont débloqués comme par enchantement, sûrement suite à un puissant déclic pour remonter à la surface. Je comprenais clairement que ce n'était pas normal d'avoir subi cela. J'étais endormie, inhibée, engourdie, scellée, réfrénée dans mes sentiments et mes élans spontanés. La sexualité naturelle et innocente était pervertie, honnie, diabolisée, caricaturée, rendue vile, toxique, malsaine, impudique et non naturelle. Perçue et vue avec distorsion, jugée de personne malsaine parce que j'étais une femme. Plus rien ne cadrait avec la réalité en ce qui me concernait dans l'acte d'aimer ou de s'unir à l'autre. Est-ce si condamnable d'être née femme ? Je ne l'ai pourtant pas choisi… Est-ce un problème de mentalité ? Celui d'une seule personne ? De la société ? Sans tomber dans la perversion, ne peut-on éduquer l'homme et la femme à vivre avec leurs corps plutôt que de vivre contre eux ? Contre leur nature ? L'acte en lui-même et d'après l'enseignement reçu, était perçu pour moi comme un fardeau à démolir même quand j'avais de bons sentiments envers mon amant. C'est ainsi qu'il m'est transmis et inculqué ! Un péché où la culpabilité règne en maître. Que ce soit le désir ou l'envie de mêler son corps à celui d'un autre, j'avais l'impression d'être suivie partout et surveillée. Je ressentais tout le temps cette présence, l'oppression, ce sentiment d'être suivie et épiée. Je me demande toujours pourquoi cette obsession maladive ? Y aurait eu cette torture dans la généalogie ascendante, ce comportement déviant pour ensuite en reproduire le schéma ? Il y aurait-il eu dans le cheminement, un quelconque comportement inapproprié pour infliger ce harcèlement permanent ? Pourtant la sexualité, elle, est basique ! Naturelle. C'est dans l'ordre des choses pour tout être humain normalement constitué de passer par ces étapes et d'accomplir ce dont il est doté par sa nature. Pour moi, de par la transmission et l'enseignement reçus avec le sens caché des silences qui laissent deviner tout et n'importe quoi, des non-dits, des tabous, des comportements face aux réalités sur le sujet, c'était transformé en honte et déshonneur par les esprits mal placés ; en charge négative constante qui planait dans l'esprit. Le plaisir que je devrais en ressentir devenait de la culpabilité et me faisait rougir de honte devant l'amant coupable qui ne savait plus s'il fallait prendre son pied ou faire autrement. Je ne pouvais me défaire de cette sensation salissante et humiliante jusqu'à ce que j'en fisse mon affaire. L'affaire de toute une vie, tu te doutes bien…

Je n'ai su que dire à mon amie quand elle a eu fini son récit avec des larmes qui coulaient à flot et la morve qui dégoulinait. Des peuples qui infligent des tortures, des mutilations génitales sur les jeunes femmes laissent des traces et séquelles physiques et mentales souvent irréversibles et handicapantes ; un traumatisme à vie mais la mutilation psychologique elle, ne laisse rien transparaître tout en causant autant de dégâts. La sexualité d'une personne fait partie de son identité, son essence ; c'est un pan de sa personnalité. Par la force des choses et cela dû aux réalités de certaines parties du monde (traditionnalistes, contraintes, ignorantes, sévères, taboues, religieuses), certaines personnes ne sont ni renseignées ni éduquées sur la sexualité et c'est tout là le problème. Le pire c'est quand en plus de cela s'y ajoutent l'association d'idées malsaines et le jugement... Cela crée des frustrations énormes et des blocages dans l'apprentissage, la construction de soi, l'exploration et l'épanouissement sexuel. Des problèmes d'identité sexuelle peuvent en découler ainsi que des comportements déviants. Des refrains, des blocages dans l'expression et l'expérimentation. La découverte et la connaissance de soi-même et de son être. Comment on est fait, comment on fonctionne ce sont des choses à travailler dès le bas âge dans la bienveillance et l'accompagnement dans la sécurité et la sérénité sans jugement, sans déviance, sans agressivité. Laisser la nature faire les choses sans opprimer et sans oppresser l'être en l'étouffant pour masquer le naturel, camoufler l'évidence. La consanguinité, on en parle ? Tous ces mariages de cousinage, ces liaisons incestueuses, ces tricheurs qui laissent leurs semences et leurs traces un peu partout dans le monde, des frères qui s'ignorent et qui s'unissent avec tout ce que cela engendre. La calamité des erreurs humaines, volontaires ou pas ; de l'ignorance, de l'entêtement et du sacrifice… Il y aurait bien de choses à soulever. J'optais pour le silence et la compassion gestuelle. C'était des confidences assez fortes et je me sentais à la fois honoré et triste. J'avais l'impression d'avoir en face de moi cette enfant blessée qui au fond n'avait jamais bougé de sa place et donc n'avait pas pu grandir et guérir. La douleur semblait récente, si vive et elle en souffrait visiblement. Ces douleurs enfouies ont refait surface et elle revivait tous ces souvenirs comme s'ils dataient du moment même. Elle réveillait ses vieux démons, ses hantises ; les démons de son enfance en daignant me partager ses secrets les plus enfouis. J'ai eu la nette impression que nous étions tous de grands enfants ! Que grandir faisait parfois très mal et qu'il fallait s'y faire. Je lui dis :

- Pleure, vas-y pleure ! Ça fait du bien de pleurer ! Vide-toi ! Tes larmes évacuent ta douleur et nettoient ton esprit. Cette douleur si longtemps gardée, enfouie. Je suis désolé !

Je lui passai un mouchoir et me rapprochai d'elle pour la prendre dans mes bras et essayer de la consoler. Je lui pris la tête affectueusement et la posai doucement tout contre moi à cheval contre mon torse et sur mon épaule. Je lui ai caressé les cheveux, elle se laissa aller et je senti son souffle s'apaiser progressivement. Parfois, on a juste besoin d'une oreille attentive, d'un câlin réparateur et d'une présence bienveillante, sans jugement, sans rejet.

Il était tard et je lui proposai d'aller se rafraîchir pour se remettre de tout cela.

- Une bonne nuit, nous remettra bien les idées en place !

- Tu as raison, pardon de t'accaparer avec mes états d'âme. J'avais besoin d'en parler… partager avec toi cette partie de moi, c'était très important.

- Tu plaisantes j'espère ? Maintenant plus que jamais je me sens proche de toi ! Tu peux tout me dire Wallet ! Tout, sans exception. Et puis tu sais, c'est quelque chose qu'on pourrait travailler à nouveau si tu le désires. Tu n'es pas condamnée à rester bloquée sur ce schéma. Tu as fait le plus gros ; à partir du moment où tu sais ce qui ne va pas, tu peux faire un travail sur toi-même pour te soulager. Je t'y aiderai.

Nous nous sommes couchés chacun dans sa chambre et avons dormis comme des souches.

Au Pays des Hommes Bleus

Nous sommes allés Wallet et moi dans une agence de location de véhicules pour réserver un 4×4 pour notre prochain départ vers Agadez, à Ingall précisément pour la fête annuelle de la cure salée. Celle qui coïncidait avec l'anniversaire de l'indépendance du pays. Nous avons rencontré le directeur et avons fait toutes les formalités nécessaires à cet effet. Il nous a confié son véhicule et nous a attribué un de ses meilleurs guides et chauffeurs. Je ne sais pas pour ce qui est de la conduite mais j'ai apprécié la belle personnalité de cet homme, Kangaye, dont l'humilité n'avait d'égale que son empathie et sa gentillesse. Une personnalité sympathique, très souriante, avenante et for attrayante. Nous sommes repartis satisfaits et heureux de cette réalisation et avons vaqué à nos courses pour préparer le départ.

Après toute une journée de courses avec mon amie, nous avons regagné la maison avec des cabas chargés de nos divers achats ; les corps ankylosés. Une bonne douche plus tard, nous nous sommes prélassés devant la télévision en ressassant nos activités de la journée et en planifiant nos prévoyances pour le futur séjour au pays des hommes bleus. L'endroit où, amicalement et solidairement, les nomades se rencontrent annuellement pour des échanges vifs et riches.

De bonne heure deux jours après, nous nous sommes apprêtés après avoir chargé le véhicule de nos bagages pour le périple qui nous attendait. Nous prévoyions une journée de route sans stop si possible pour arriver à destination. L'autre option étant celle de faire une escale à Tahoua dans l'Ader pour y passer la nuit avant de reprendre la route le lendemain pour nous rendre à Ingall.

Nous étions enfoncés dans l'environ du majestueux désert, des maisons ci et là faisaient leur apparition sur notre passage et disparaissaient soudainement sous la trainée de poussière. Kangaye nous rapportait les faits d'anciennes cérémonies et se réjouissait de pouvoir nous en apprendre autant ; du moins à moi car Wallet en était à son énième voyage. D'autres véhicules qui allaient sûrement vers la même destination que la nôtre, nous dépassaient d'une allure vive. L'ambiance festive se diffusait et chacun l'expérimentait à sa manière.

Il y avait sur le chemin proche des lieux de festivités, un peuple fou acclamé par des enfants, des jeunes et des moins jeunes qui s'étaient rassemblés pour la fête. Un vaste terrain était aménagé pour l'occasion, clôturé de petites haies artisanales occasionnelles. Sur une grande surface de ce terrain, ont été solidement piquées d'énormes bâches sous lesquels attendaient sagement les fauteuils cossus en bois et matelassés recouverts de jolis tissus qui allaient accueillir et reposer les derrières des convives.

De gros véhicules bâchés en double cabines ou solo, des bolides d'appoint se livraient une course effrénée vers cette destination. Nous avions bien choisi notre véhicule ainsi que son conducteur ; il connaissait l'événement par cœur pour y avoir assisté plusieurs fois et nous expliquait chaque étape que nous franchissions. C'était merveilleux. Il y avait aussi la course de dromadaires sur les bosses desquels trônaient de majestueux bougres dans de somptueux accoutrements ; qui les avaient domptés... qui leur donnaient sans cesse des coups de fouets pour pouvoir arriver en premier sur les lieux du spectacle. C'était impressionnant. Derrière ces bêtes déchaînées et guidées, une horde de véhicules escortait le troupeau, soulevant sur son passage un épais nuage de poussière.

Il y avait sur place, des bororos aux dents très blanches et tous souriants qui s'élevaient sur leurs pointes de pieds et redescendaient en tapant des mains et en roulant des yeux dans un geste synchronisé. Quand ils venaient à s'élancer vers le ciel, leur détente était à en couper le souffle. Ils étaient tous maquillés, avec des dessins faits de poudre blanche et jaune sur leurs visages pomponné de poudre rouge orangé. Leurs tignasses coiffées, avec d'énormes boules de cheveux posées sur leurs fronts ; vêtus de leurs boubous ethniques tissés à la main. Alignés, face à l'assemblée, ils offraient un spectacle unique de charme en laissant constamment découvrir leur dentition et en écarquillant les yeux sans arrêt. C'est un spectacle de danse, de séduction et de célébration de la beauté ! Quand la scène s'interrompait, les groupes d'orchestre et de chanteurs invités faisaient leurs démonstrations sonores et vocales, le temps que nos délicieuses hôtes se changent d'accoutrements et se maquillent pour regagner la scène. Elles se produisaient royalement avant de céder ensuite la place à d'autres acteurs.

Leurs remplaçants sur la piste étaient désormais les hommes bleus, ces targuis qui semblaient sortir d'un autre temps. Leur irruption tant attendue n'était pas une surprise vue l'engouement qu'a entraîné l'assistance. Leur présence imposante et majestueuse forçait l'admiration. Des hommes en armures et des chevaux déguisés et ornés de joyaux de cuirasse sublimes. Le public était conquis ; un hourra généralisé suivi des applaudissements ininterrompus du public absorbé, venait confirmer leur présence dans l'arène. La musique repris de plus belle et les danses et démonstrations de ces guerriers s'enchainèrent. Ils étaient tous vêtus de grands boubous de couleur bleu saphir ou indigo qui recouvraient leurs ensembles bleu ciel. Les manches des boubous retroussées, ce vêtement ample pouvait dissimuler trois personnes à la fois. Ils ont mis à la taille une ceinture en cuir pour plaquer leurs volants près du corps. Des turbans indigo énormes et savamment attachés, leur recouvraient les têtes et visages laissant seulement découvrir leurs yeux et le haut de leurs nez. Au-dessus de ces turbans bleus, se trouvait une crête caractéristique qui se soulevait et retombait comme un ressort à chaque mouvement des danseurs. Ils brandissaient tous des sabres dorés et argentés rangés dans leurs magnifiques étuis en cuir orné ; tout en dansant vigoureusement. Ils formaient des rangées distinctes et organisées en faisant des démonstrations de combats puis plus tard les chevaux ont regagné l'écurie en laissant place à leurs occupants qui désormais s'entremêlaient pour laisser place à des expressions corporelles plus subtiles. Ils sautaient, s'accroupissaient, lançaient puis balançaient des jambes, criaient d'un cri typique de ces circonstances. Le cri de joie, le cri de fête. Ces braves hommes semblaient tous être en transe devant l'assistance euphorique et excitée. Les rayons du soleil culminant tapaient fort, la chaleur et les efforts des mouvements

incessants les faisaient transpirer à grosses gouttes ; leurs châles au contact de la sueur, déteignaient alors sur leur peau désormais devenue bleue.

Après des heures de figures et d'enchainements démonstratifs, les musiciens et les autres artistes conviés se mettaient en place pour prendre la relève et assurer la continuité des festivités.

C'est sûr qu'il fallait le voir pour y croire. La foule était dense et peu maîtrisée mais la joie s'en ressentait. Les gens allaient et venaient dans tous les sens... Le brassage ethnico-culturel unifiait l'assistance tout en faisant ressortir chaque spécificité. Un réel plaisir pour les sens, ce spectacle. Il en valait le détour.

A la fin de la deuxième journée, les participants se repliaient petit à petit et les convois disparaissaient au loin sous la poussière qu'ils soulevaient. Nous avons plus tard emboité le pas à tous ceux qui cheminaient dans la même direction que la nôtre pour regagner la capitale.

Symbole d'Amour +O

La période de fin d'année s'annonçait joyeusement. C'était la fête de Noël et aussi celle de mon anniversaire. La veille, j'ai passé du temps avec Arfou et d'autres copains de vadrouille. Nous avons comme à l'accoutumée passé la soirée à débattre de ce qu'il restait de ce pauvre monde et de ce qu'il fallait faire pour y remédier. J'avais des projets pour ma tendre amie et je confiai mes craintes à ce bon vieux bougre pour qu'il me rassurât sur le sujet. Au moment de nous quitter, il me tapota sur l'épaule et me dit que c'était une affaire pliée et que je pouvais arrêter de me ronger les freins. Les choses de l'amour ! On n'est jamais sûr de rien. J'étais heureux de me savoir soutenu, de plus avec Arfou, ils avaient un atome crochu, s'entendaient plutôt bien et avaient de bons échanges à chaque fois. Son conseil était plus une confession en fin de compte et je pouvais y aller les yeux fermés.

J'ai invité Wallet à venir passer la soirée avec moi le lendemain. D'abord nous allions au restaurant déguster un bon repas et sabré le champagne pour festoyer. Ensuite on laissera libre cours à notre imagination. J'avais à l'esprit après le coup de minuit, de rentrer à la maison en compagnie de mon amie. J'étais très attaché à elle et depuis le temps que je la connaissais et tout ce qu'on a pu partager ensemble, c'était très important pour moi de partager cette fin de soirée avec elle. Une nuit plus intime, un moment qui nous aurait plus rapprochés.

Nous avons passé notre commande en sifflotant nos bulles et en grignotant les biscuits apéritifs proposés en attendant l'arrivée des plats. Wallet posa sur la table un coffret qu'elle glissa doucement vers ma main. Je la regardais en souriant.

- Il ne fallait pas voyons !

- Si ! Et plutôt deux fois qu'une !

Dit-elle comme par révolte en me faisant sursauter de surprise. Elle inclina légèrement la tête et changea de ton. Sa voix velours, suave teintée d'un accroc qui faisait tout son charme habituellement se muait en un son grave presque urgent. Elle me sembla agacée par ma remarque qui était de politesse plus qu'autre chose mais se garda de me le dire. Je percevais également sa joie d'être là et de me tendre ce boîtier. Toujours dans sa teinte d'urgence, sa mélodieuse voix s'adoucie et renferma une autre forme de sentiment, celui de l'évidence et de la conviction.

- De plus, c'est l'occasion de t'offrir ce cadeau, pourrais-tu l'accepter sans m'obliger ? Ouvre-le s'il te plaît !

Je me saisis de la boîte et l'ouvris délicatement en essayant de deviner ce qu'il s'y trouvait... Il y avait là un magnifique bijou argenté, une sorte d'ensemble assorti de bague et de chaîne avec un pendentif en croix joliment gravée. Je les sortis aussitôt du boîtier pour les regarder de plus près. Les yeux examinateurs et pétillants, les doigts tâtonneurs et le cœur en joie ; je relevais un regard reconnaissant sur Wallet ; plus qu'un bijou c'était là une belle preuve d'attention et de considération à mon égard qu'elle m'offrait. J'étais heureux et je voulais qu'elle le sache.

- Merci ! C'est un cadeau merveilleux, somptueux, une magnifique surprise ! Je pensais te faire une annonce mais là, tu me coupes l'herbe sous les pieds !

Dis-je à mon amie pour la remercier. J'étais profondément touché par son geste et ne pouvais cacher ma joie.

- C'est un plaisir et cela l'est encore plus de te voir autant l'apprécier.

- C'est vraiment très beau ! En plus du détail doré sur l'argenté, les gravures changent tout dans la confection de ces bijoux.

- Heureuse de savoir que cela te plaît ! Je ne t'ai pas souvent vu porter de bijoux alors j'ai hésité quelque temps avant de me décider à les prendre finalement. Je te raconterai l'histoire de cette croix quand tu le voudras !

- Non seulement j'ai toute la soirée, en plus j'ai le reste de ma vie devant moi rien que pour t'écouter !

Wallet pris une profonde inspiration et avec un sourire en coin et un regard malicieux, elle se racla la gorge. Les yeux brillants d'excitation et l'esprit s'emplissant de ses souvenirs qu'elle s'apprêtait à partager. Elle était si radieuse dans ces moments de réflexion et de partage qu'elle en devenait envoûtante. Une sorte de génie la possédait quand il s'agissait de transmettre ses cultures, mythes et tradition. Captivante comme pas une et instructive, elle savait transmettre ses connaissances et les valeurs qu'elle avait acquises tout le long de sa vie. Une véritable source d'inspiration. Elle se lança sans plus attendre :

- L'histoire que cache ce symbole remonterait aux temps anciens. Dans la légende commune, la croix telle qu'elle se présente, représenterait les quatre points cardinaux avec ses quatre côtés et le message qu'elle porterait véhiculerait la puissance, la virilité, la sagesse et la bravoure. Dans les temps anciens, un père voyant son fils quitter le nid, prendre son envol et partir à l'aventure, la lui remit symboliquement en lui disant qu'il retrouvera toujours son chemin et qu'elle lui portera bonheur dans son cheminement vers sa destinée en tant qu'homme. Cette croix renfermerait donc en elle-même toute la sagesse, la confiance, la bravoure et l'amour qu'un père transmet à son fils. Moi je penche plus pour le côté historique romantique qu'elle cache habilement.

J'étais suspendu à ses lèvres et m'enrichissait au fur et à mesure qu'elle me contait l'histoire de ce bijou. Il avait une double valeur sentimentale pour moi du coup ; quand je comprenais le sens de son choix de cadeau à travers son récit.

- Dis-moi tout Wallet !

Je regardais son beau visage expressif sur lequel quelques

mèches rebelles traînaient et fixais mes yeux sur ses douces lèvres maquillées. Elle passait de temps en temps sa langue dessus pour les humidifier ; je les voyais qui s'articulaient, s'ouvrir et se refermer avec fougue. Elle portait des boucles d'oreilles créoles dorées qui mettaient superbement en valeur son port de tête dégagé. Sa chevelure nouée en une épaisse tresse lui tombait sur l'épaule vers l'avant et reposait délicatement sur sa poitrine. Ses poils se hérissaient sur le coup de passion ardente pour ses dires et moi j'étais en admiration devant tant de véhémence. La beauté du jeune âge et la fougue de l'esprit incarné dans les faits. Elle semblait vivre ce qu'elle me disait.

- Bien-sûr mon cher, j'y viens. Cette croix, entre autres mythes, serait née d'un amour interdit. Dans le temps, il fut un couple d'amants qui ne pouvait vivre leur amour parce qu'il était justement interdit. Comme il leur était impossible de vivre ouvertement et au grand jour leur histoire d'amour, le chevalier servant qui n'était autre que cet homme fou amoureux qui ne pouvait se résigner face à cette flamme ardente du désir, a eu l'idée géniale de déclarer sa passion à sa dulcinée à travers un bijou en le faisant passer pour un message codé. Alors il rendit visite à un grand artisan bijoutier à qui il confia la noble mission de confectionner ce précieux bijou qui en réalité cachait un message d'amour.
  Ainsi la croix en elle-même signifierait « AMOUR » je t'aime en fin de compte. En assemblant les symboles représentant ce mot en Tamacheq, le rendu donne une croix couronnée d'un signe circulaire et le reste que tu vois là (elle se saisit du bijou pour me montrer ce qu'elle m'expliquait), a servi de codage pour masquer le véritable message véhiculé. J'avais envie de te l'offrir et surtout de t'expliquer ce que représentait pour moi ce bijou. Avec lui, je t'offre la clé de mon cœur.
  J'ignore où notre histoire va nous mener mais j'ai envie d'essayer. En si peu de temps, tu as gommé des peines causées depuis des années ; tu as rempli mon cœur de joie et m'as redonné goût à l'amour, le sens même du mot aimer m'est enfin révélé. Avec toi, j'ai partagé des choses et des moments uniques, inoubliables et je n'ai pas envie que cela s'arrête. Je me sens si bien en ta présence. Je suis libre de

penser et de parler en toute confiance. Je ne peux résister à ces sentiments qui me jettent directement dans tes bras rassurants ; rien que d'y penser. Je ne veux surtout pas y renoncer car je préfère de loin les remords aux regrets.

Quand elle s'interrompit pour reprendre son souffle et ensuite siroter son verre, elle jeta sur moi un regard pétillant et rempli de questionnement. Sans doute se demandait-elle si nous étions sur la même longueur d'onde ? Peut-être se disait-elle que je la trouverais précipitée, cette décision ? Ou alors que je ne m'y attendais pas ? Je n'arrivais pas à décoder ce regard mais je voyais le cryptage qui s'y nichait. Au fond de moi, j'exultais, j'étais aux anges et cela me soulageait de voir que mon ami, Arfou avait raison. Elle reposa alors le récipient, avala sa gorgée et se racla la gorge avant de me demander :

- Au fait, que voulais-tu m'annoncer ?

Je la regardais tout joyeux, perdu dans mes pensées. Qu'allais-je pouvoir lui dire de plus fort ? Elle m'a ôté les mots de la bouche. Heureusement que j'avais plus d'un tour dans mon sac. J'avais prévu cela si jamais elle acceptait ma déclaration et voilà qu'elle me mettait au pied du mur. Je sortis alors le boitier de ma poche que je fis glisser jusqu'à sa main.

- Je suis très heureux de tout ce que tu m'as confié. A ton tour, j'aimerais te demander d'accepter ce que je te tends et nous serons alors quittes.

Elle s'empara de la boîte et l'ouvrit aussitôt. Sans même lui laisser le temps d'en placer une, je repris la parole.

- Viens vivre avec moi, Wallet ! Je nourris depuis longtemps de profonds sentiments empreints d'amour pour toi. Je ne puis me résoudre à les garder pour moi plus longtemps. J'ai envie de vivre avec et auprès de toi ; j'aimerais partager ce qu'il me reste comme chemin à parcourir avec toi. J'ai besoin que tu te sentes chez moi comme chez toi.

- Alors là si je m'y attendais !? Oui Henri !

Sur le ton de la plaisanterie, je lui sifflais avec un clin d'œil à l'appui, qu'elle ne restera plus trop longtemps loin de moi avec l'accord qu'elle venait de signer.

- **Mais on partagera absolument tout, même la couche ?**

Bien-sûr, je la charriais car les habitudes de couples selon les coutumes par ici ne se ressemblent pas avec celles que j'ai connu dans d'autres pays, notamment celui dont j'étais issu… Mais je ne me faisais aucun souci. Mon amie avait plus d'un tour dans son sac.

Elle sourit et me rendit mon clin d'œil avec un hochement de tête complice. Puis elle sortit le petit trousseau de clés et le rangea dans son sac à main posé sur le rebord de la table. Puis nous reprîmes nos flûtes remplies de bulles pour trinquer à cet engagement amoureux solennel mais chaleureux et à la belle vie qui nous attendait.

www.ingramcontent.com/pod-product-compliance
Lightning Source LLC
LaVergne TN
LVHW012050160826
845678LV00014B/2773